健身解剖图解 501

核心训练

主　编　[美] Natasha Diamond-Walker
主　审　丁自海
主　译　李　健　李　雪

山东科学技术出版社

图书在版编目（CIP）数据

健身解剖图解 501. 核心训练 /（美）娜塔莎·戴蒙德 - 沃克主编；李健，李雪主译 . —济南：山东科学技术出版社，2020.7

ISBN 978-7-5723-0300-5

Ⅰ. ①健… Ⅱ. ①娜… ②李… Ⅲ. ①健身运动 - 图解 Ⅳ. ① G883-64

中国版本图书馆 CIP 数据核字 (2020) 第 073706 号

Created by Moseley Road Inc.
Cover Designer: Sam Grimmer
Prepress: Splitting Image
Production Director: Adam Moore
Designer: Kate Stretton
Photographer: Naila Ruechel
Author: Natasha Diamond-Walker

健身解剖图解 501：核心训练

JIANSHEN JIEPOU TUJIE 501: HEXIN XUNLIAN

责任编辑：冯　悦
装帧设计：李晨溪

主管单位：山东出版传媒股份有限公司
出 版 者：山东科学技术出版社
地址：济南市市中区英雄山路 189 号
邮编：250002　电话：（0531）82098088
网址：www.lkj.com.cn
电子邮件：sdkj@sdcbcm.com
发 行 者：山东科学技术出版社
地址：济南市市中区英雄山路 189 号
邮编：250002　电话：（0531）82098071
印 刷 者：山东彩峰印刷股份有限公司
地址：潍坊市福寿西街 99 号
邮编：261031　电话：（0536）8216157

规格： 16 开（170mm × 240mm）
印张： 12　**字数：** 175 千　**印数：** 1~3000
版次： 2020 年 7 月第 1 版　2020 年 7 月第 1 次印刷
定价： 59.80 元

主　审　丁自海

主　译　李　健　李　雪

译　者（以姓氏笔画为序）

王　璐　成都体育学院

李　健　成都医学院

李　雪　成都体育学院

肖　莉　成都医学院

前言

什么是核心？

提到健身时，我们经常会听到大量关于核心的说法。但是，核心这个词到底表达了什么意思呢？如果我们细想起来又感觉有点神秘甚至捉摸不透。对于初学者而言，我们通常把它放在比较中心的位置上，毕竟桃核在桃的中心。我们大概知道它的位置，但是关于它具体是什么却知之甚少。简而言之，当谈及核心时可以讨论我们身体的中心。在健身领域，通常可以理解为，核心部分包括所有的腹部肌群、下腰背肌群，甚至多数情况下还包括盆底肌。目前，核心基础训练较多，但绝大多数训练都集中在对腹部肌群的训练。考虑到其对身体其他部位的最佳支撑作用，所以身体核心部位的健康与强壮就显得尤为重要。

健康的脊柱

躯体的健康离不开一个健康的脊柱对骨骼、肌肉以及器官的支撑和保护。33块椎骨构成的椎管容纳脊髓，脊柱和脊髓的健康关系着我们健康的日常生活。脊柱全长相当于身长的50%，包含120块骨骼肌和100个骨连结。所以，我们开始锻炼或进行日常活动时，别忘了感谢脊柱的支撑。

谈谈后背

从脊柱及其有趣的功能身上移开目光，我们应该谈谈后背。我们所说的后背，是指肩部到脊柱或骶骨区域面积的总和。下腰背的肌群都附着在脊柱上，深层肌群主要参与构成核心肌群，甚至一些浅层肌也参与。后背起主要的承重作用，因此，需要得到足够的重视、发展训练和关注。当你调整健身计划时，花点时间锻炼你的背部，使其健康、无痛和可靠。

关于营养

已经有太多关于饮食的探讨！这里并不涉及减重、增重、器官层面和整体层面，以及素食主义者、无麸质食物主义者、无糖主义者等。要把所有的口味偏好放一边，选择吃与不吃是非常重要的。如果你打算通过锻炼身体拥有一个健康的生活、良好的感受并且发挥最大潜力，就应该注意养成一个可持续发展的饮食习惯，这项工作十分有意义，这是个人所需。

普拉提的影响

约瑟夫·普拉提曾说“脊柱越强壮就表明这个人越年轻”。他始终坚信照顾好自己的身体才能拥有更好的生活；不仅如此，照顾好自己的身体，还必将在生活的其他方面感受良好的情感体验并表现出幸福状态，这是他对我们现今所知“普拉提”的最好诠释。他建立了一套围绕增强腰背肌、核心肌群以及盆底肌的运动方式，这套理论深刻广泛地影响了当今世界的健身理念，约瑟夫·普拉提因此被载入史册。

瑜伽和健身

如果你曾经练习瑜伽，那么应该知道它的动作是非常多变的。持之以恒，呼吸以及发汗，尝试把腿放在你认为永远放不到的地方（柔韧练习），至少可以说那是一种挑战。然而，无论挑战与否，瑜伽都可以作为一门技艺，融入日常锻炼中。瑜伽练习搭配其他有氧运动是科学有益的。随着瑜伽动作难度的增加，你的身体将会适应更深的呼吸，更加舒展，并且达到身心平衡。

多器械性运动

器械世界是非常丰富的！在锻炼过程中，也许你认为不需要使用任何器械，但是如果使用器械，训练的效果可能超过你当初的设想。在锻炼中结合器械，会使锻炼过程变得有趣，富有挑战性甚至成为高度的有氧运动。使用器械的最大好处，就是它们给你的运动带来各种不同维度的体验。举个例子，在地上平板支撑很棒，但是也可以利用平衡球做平板支撑，然后留一只手在平衡球上，同时用另一只手拿着哑铃向侧面伸展，让肌肉体验全新的发力方式。本书提到的很多器械都具有抗阻训练的作用，如弹力带、平衡球、壶铃、哑铃、实心球、瑞士球以及踏步台。

在家还是去健身房

无论在家健身还是健身房健身，选择的原则就是对健康有益。根据你的健身体系的需求，无论在家健身还是健身房健身二者都可因地制宜。一些人发现去一个公共的地方锻炼很有用，如健身房。他们认为在健身房有很多人为了追求健康做相同的事，所以在这种环境下可激励每一个人。另一些人认为自己在家锻炼可以保护隐私，不去健身房也有时间和金钱上的考量。当然，到底如何选择都是你自己的事。无论如何，通过阅读本书，学会使用各种类型的运动器械，就使得在家健身如同去健身房锻炼一样简单。

增强式训练

你要制订日常训练计划时，会发现“增强训练”贯穿全书。增强式训练可以定义为快速有力的运动，即肌肉先被拉长再收缩的运动，简单地说，就像你熟悉的跳跃训练。快速伸缩运动要求受训者在短时间内极限加速，同时要求最大限度的速度和力量。一周 1~3 次伸缩运动可以增强骨骼肌的弹性和伸展性，让你运动得更快、更有力。

制订计划

你手上已经有了这本书，你也思考过饮食、塑形和增强体格的某一部分，可是然后呢？下一步是什么？下一步就是需要整理出适合你的训练体系，就如同制订工作计划：花费多长时间锻炼，一天中的什么时段精力最充沛，是否需要请私人教练，在家健身还是去健身房健身。制订计划并且按照计划实施是你追求健康的重要部分。你已经计划到这里了，那么开始行动起来吧！

为什么要锻炼?

现在比起过去的任何时候都有很多关于健身的话题。每一个人都想拥有明星的身材，于是纷纷加入自行车运动的潮流，或报名参加有氧运动课程等等。但是，说实话，健身真正的意义是什么？其实健身的意义是因人而异的。无论你喜欢 1 个小时举哑铃训练的挥汗如雨，还是享受短时间心肺训练配合瑜伽的静力性拉伸，都是按照训练计划实施，并随心所欲地搭配起来，尝试不同的动作和节奏。

随着呼吸运动

无论你健身的目的是练肌肉、减重、调整状态，还是增加灵巧性，所有这些都需要在运动中调整呼吸节奏。呼吸节奏对健身运动尤为重要。调整呼吸的方法很多，但需要自己去寻找每种运动正确的呼吸方式。但是，要牢记呼吸就是调节整个身体的氧流量。其中包含肺部的氧气和肌肉的氧气。为了达到最佳的健身效果，你必须牢记深呼吸和呼吸节律性，通常在动作开始时吸气并在结束时呼气。

全身解剖图

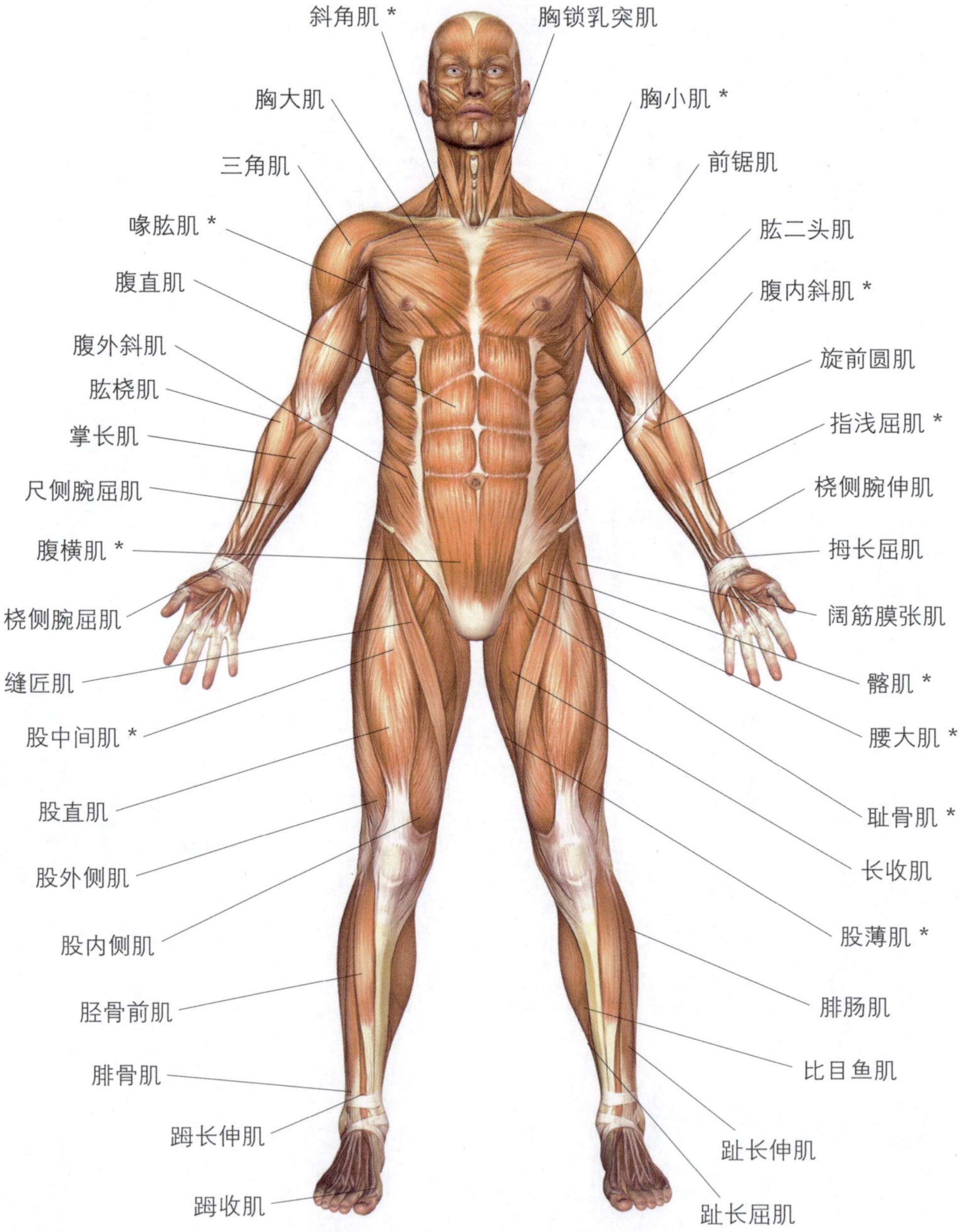
斜角肌 *
胸锁乳突肌
胸大肌
胸小肌 *
三角肌
前锯肌
喙肱肌 *
肱二头肌
腹直肌
腹内斜肌 *
腹外斜肌
旋前圆肌
肱桡肌
指浅屈肌 *
掌长肌
桡侧腕伸肌
尺侧腕屈肌
拇长屈肌
腹横肌 *
阔筋膜张肌
桡侧腕屈肌
髂肌 *
缝匠肌
股中间肌 *
腰大肌 *
股直肌
耻骨肌 *
股外侧肌
长收肌
股内侧肌
股薄肌 *
胫骨前肌
腓肠肌
腓骨肌
比目鱼肌
趾长伸肌
踇长伸肌
踇收肌
趾长屈肌

注释
* 表示深层肌肉

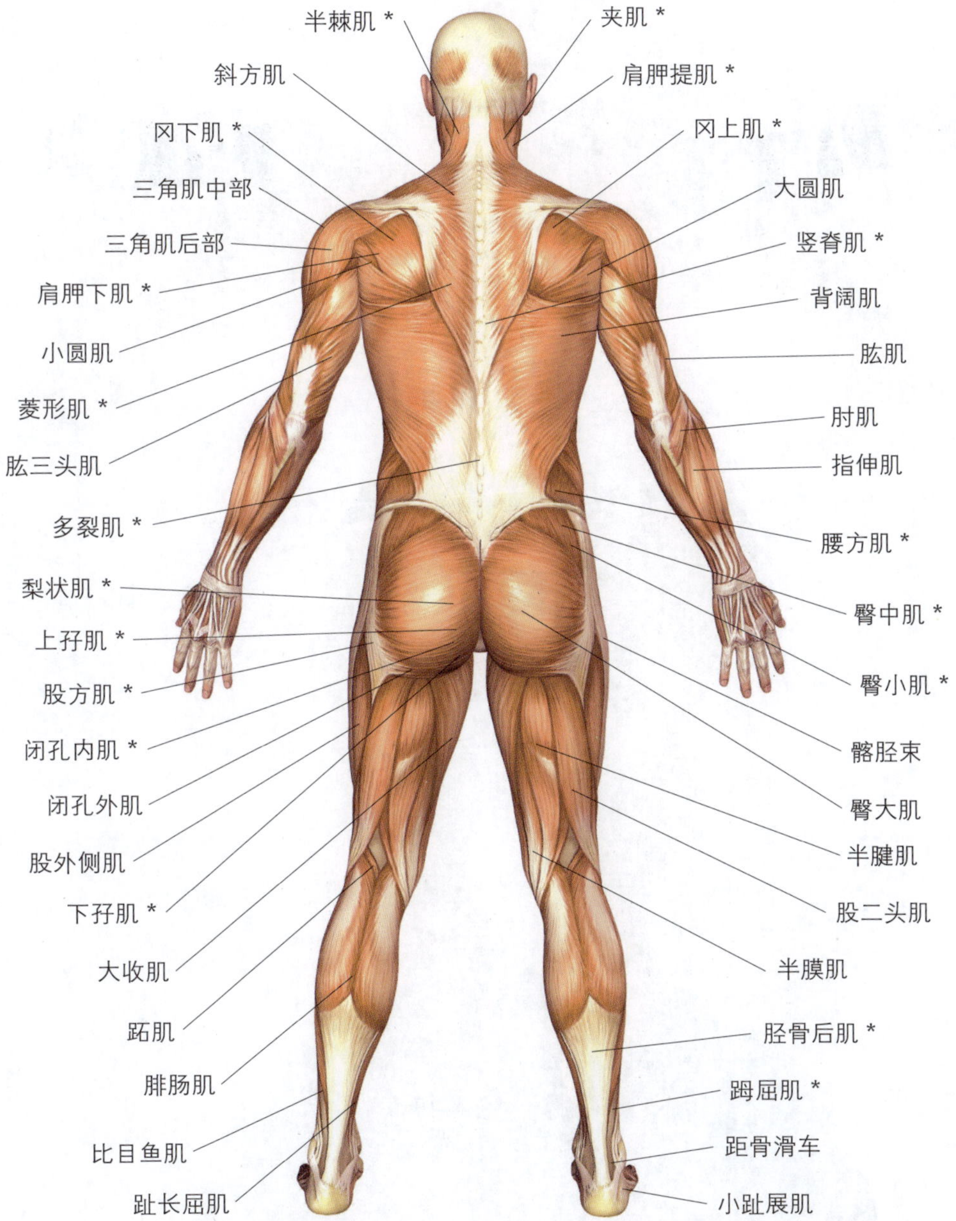

半棘肌 *
夹肌 *
斜方肌
肩胛提肌 *
冈下肌 *
冈上肌 *
三角肌中部
大圆肌
三角肌后部
竖脊肌 *
肩胛下肌 *
背阔肌
小圆肌
肱肌
菱形肌 *
肘肌
肱三头肌
指伸肌
多裂肌 *
腰方肌 *
梨状肌 *
臀中肌 *
上孖肌 *
臀小肌 *
股方肌 *
闭孔内肌 *
髂胫束
闭孔外肌
臀大肌
半腱肌
股外侧肌
股二头肌
下孖肌 *
半膜肌
大收肌
跖肌
胫骨后肌 *
腓肠肌
踇屈肌 *
比目鱼肌
距骨滑车
趾长屈肌
小趾展肌

目录

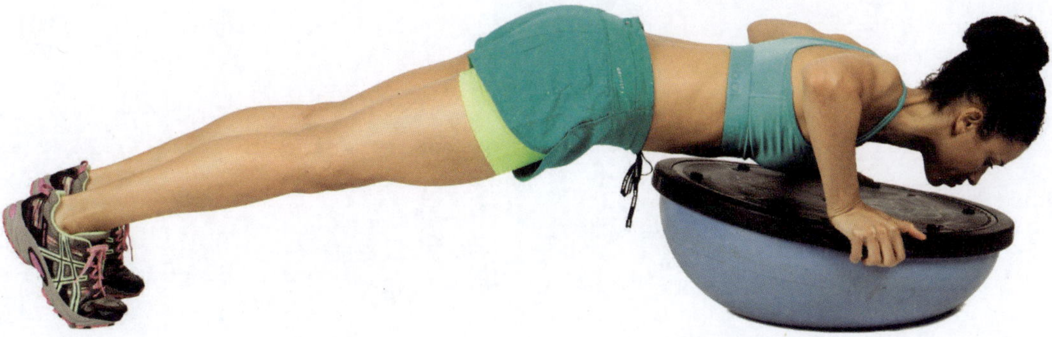

第一章

动态练习

我们的身体是一个宏伟的作品，由组织、器官、肌肉以及骨组成。每一个系统相互关联以维持身体的平衡和保持良好的功能。一般来说，在思考健身计划时，会确定一个我们想要锻炼的特定区域，并选择最合适的锻炼方式。这些动态练习旨在加强核心肌力。你完成本书中的动态练习课程时，会发现如果把注意力放在发展核心力量上，也可以提升身体其他部分的稳定性。

001

基础下蹲

注释
粗体字表示目标肌肉
黑体字表示其他工作肌肉
* 表示深层肌肉

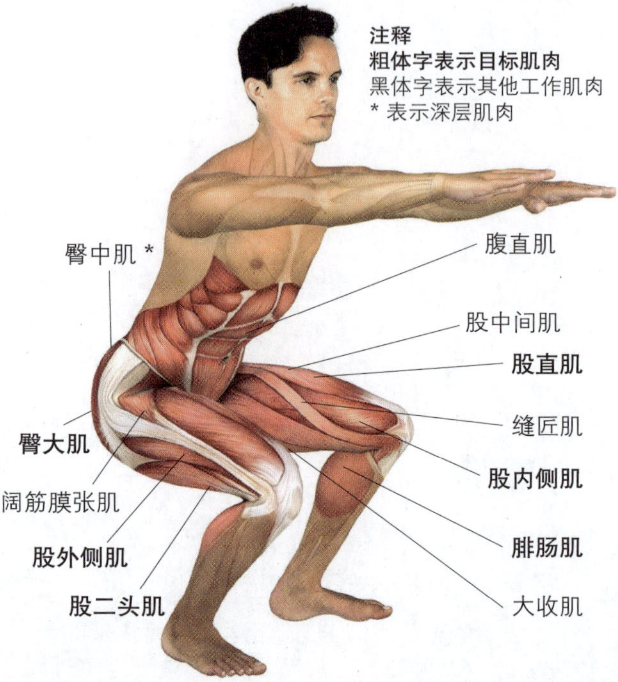

下蹲是最常见的动作，在日常生活中人们每天都要进行下蹲运动，从弯下腰系鞋带到抱起一个小孩子。尽管如此，当基础深蹲运动有目的地运用到常规锻炼中时，这个动作可以加强力量并且塑造腹部核心、下腰背部以及腿部的形状。这个动作要求头和足始终保持在一条完美的直线上，努力屈曲每个关节并相互支撑。你越是严格按照要求完成动作，训练效果就会越明显！

正确姿势

下蹲时，臀部下压，膝部屈曲保持 90°，此时你应该感受到股四头肌和股后肌群紧张而支撑你的体重。腹部收紧，保持背部挺直。

注意

躯干不能过度前倾，而是收紧腹部，保持脊柱有一定的倾斜度。

- 两足分开，与肩部同宽，大约 50 cm 的距离，膝部略低于臀部平面。髋关节直角屈曲，重心落于两足之间，着力于足尖。
- 双手向前平举，掌心朝下，指尖向前。
- 屈膝，保持膝关节在踝关节正上方。下蹲时保持足后跟站稳，臀部向后坐，使躯干略微向前推。
- 慢慢站起。

002 相扑分腿蹲

尽力向两侧分开双腿，双手放于两腿之上。拉伸腹部，延展脊柱，伸直双膝部。然后屈膝至90°，恢复站立位。

003 弓步下蹲

确保双腿前后分开距离大一些，距离越大，肌肉拉伸越长。

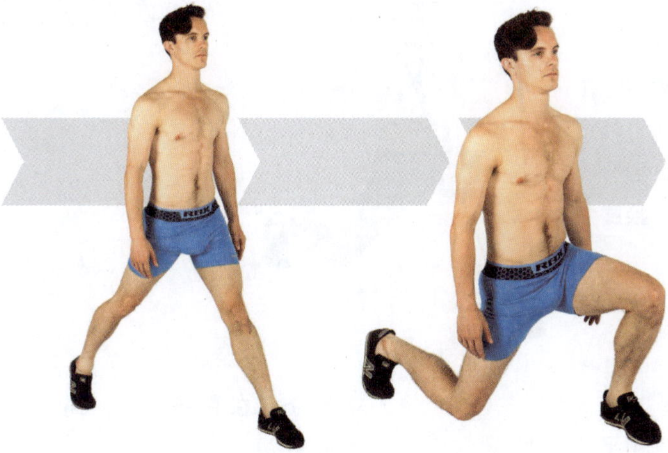

- 保持双腿前后分开的姿势，屈曲双膝呈90°，平行于地面。保持腹部收紧并使膝关节垂直于踝关节上方。伸直前腿以恢复站立位。交替换腿，感受脂肪燃烧！
- 始终收紧腹部，感受你的腹部向脊柱靠近。
- 不要给下腰背部施加太大的压力，保持背部肌肉的长度和力量。

004 持哑铃弓步下蹲

手持哑铃，保持双腿前后分开的姿势。弓步下蹲（#003）并迅速恢复站立位。保持双臂下垂放于躯干两侧。返回站立位时加快速度，哑铃的重量可以训练肌肉更快的反应速度，提高身体平衡性。交替换腿并重复。

005 持阻力带弓步下蹲

呈弓步下蹲姿势（#003），用双手紧紧握住阻力带抗阻训练。开始下蹲，将阻力带拉向身体，屈肘部，伸肩关节向后，通过控制阻力带抗阻，恢复站立位。交替换腿。

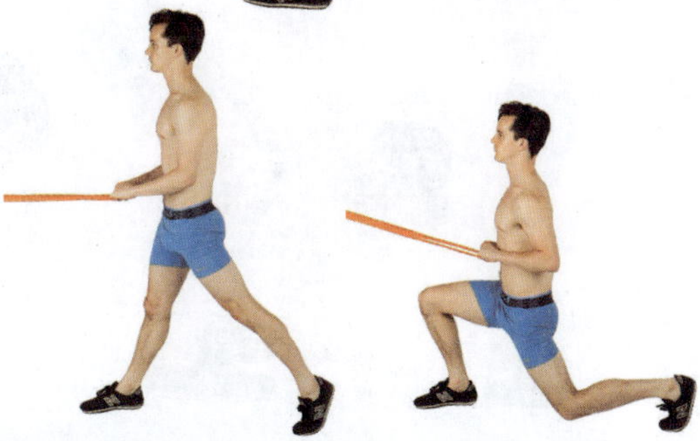

006 高举沙袋弓步下蹲

两足前后站立，手持沙袋，屈膝关节并高举沙袋过头。努力用你的核心力量和腿部肌力下蹲，恢复站立位，放下袋子，换另一条腿。

007 持阻力带弓步下蹲

在前足下放置一个阻力带，两手抓握阻力带。下蹲，双臂保持在躯干两侧。屈肘部，将阻力带拉向肩部，前臂发力，然后站起来，保持对阻力带的抵抗力。换腿并重复。

008 下蹲后伸腿

这种姿势变化结合了下蹲和平板支撑。等长训练的目的在于发展骨骼肌快速收缩的爆发力，刺激骨骼肌以动态的方式工作。

- 双足分开在臀部下方，高举双臂。
- 蹲伏，双手撑地，蹬跳呈平板状，快速回蹬呈蹲伏姿势。
- 最后，手臂上举伸展，身体努力向上伸展。

009 体侧屈下蹲

双腿分开，足尖向外，收紧核心肌力，屈膝关节。保持住，打开手臂，拉伸一侧腹肌，一只手伸向足踝，另一只手伸向天空。恢复站立位，另一侧重复！

体侧屈
任何运动中，体侧屈都有利于拉伸和延展躯干外侧和脊柱两侧的肌肉。体侧屈也可以扩展胸部，增加肺活量，有利于深呼吸。

010 单足下蹲

按照基础下蹲姿势（#001），将右足抬离地面。抬起腿后，将臀部向后推坐，缓慢下蹲。通过收紧腹部肌肉以维持屈膝动作的稳定。换腿并重复。

011 剪蹲

手臂前伸，将左足踝放在右膝上。挤压臀部并蹲下，下压左膝于右腿上。臀部向后推坐，手臂向前伸展。换腿并重复。

012 悬挂式单腿深蹲

这种单腿深蹲的变化是通过抓住肩以增强运动伸展性。双手握住一条肩带，然后下蹲。拉住肩带进行更深的下蹲拉伸。换腿并重复。

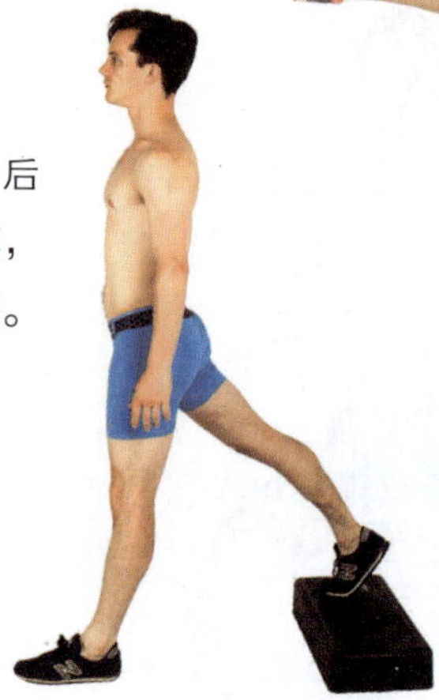

013 保加利亚分腿深蹲

从一个前后分腿站立位开始，后足抬高放于长凳或台阶上。深蹲，双膝屈曲，感受前面臀部的拉伸。换腿并根据需要双手负重。

014 瑞士球保加利亚分腿深蹲

将小腿下端放于瑞士球上，激活核心肌力和股后肌群来保持稳定站立。深蹲，确保膝和伸展的腿与地面平行。换腿并重复。

015 双手上举瑞士球保加利亚分腿深蹲

将小腿下端放于瑞士球上，激活核心肌力和股后肌群来保持稳定。双手慢慢上举过头顶，然后深蹲。换腿并重复。保持腹肌强烈拉伸。

016 高举哑铃保加利亚分腿深蹲

分腿深蹲和高举哑铃相结合训练。双手持哑铃上举，同时将身体下蹲。这是同时完成四肢两个方向运动的好方法。

- 保持保加利亚分腿深蹲姿势（#013），双臂手持哑铃放在躯干两侧。
- 下蹲时，将手肘伸直上举于头两侧。保持脊柱挺直，双肩下沉。
- 屈腿并向前推，收紧腹肌，伸直前腿，然后恢复站立。换腿并重复。

017 持圆饼保加利亚分腿深蹲

保持分腿深蹲姿势（#003）并抬高后腿。手持圆饼于胸前，强烈收紧腹肌。下蹲，保持圆饼盘位置。坚持！回到站立姿势。换腿并重复。

018 持圆饼保加利亚分腿深蹲转体

在保加利亚分腿深蹲姿势中（#013），手持圆饼于胸前。深蹲并抓住圆饼。始终保持臀部朝前，扭转腹部肌肉，使双肩朝向一侧，拉伸圆饼远离胸前以增加难度。换腿并重复。

019 椅子蹲

双腿分开站于椅后，足尖朝外。收紧脊柱周围的核心肌力，屈膝至 90°，使膝部与踝部在同一直线上。吸气并恢复站立。

020 侧屈式相扑深蹲

保持相扑深蹲到最大程度，激发臀大肌、股后肌群和腹肌肌力。将一只手放在膝部，高举另一只手臂伸向一侧。伸展并保持住。然后向另一侧拉伸并重复。

021 摸足趾式相扑深蹲

双手放于大腿上，开始相扑深蹲。在该动作中，脊柱前屈以触摸足趾，通过发挥核心肌力和小腿肌群的稳定性，拉伸背部。站起来重复。

022 单手摸足趾式相扑深蹲

双手放于大腿上，进行最佳的相扑深蹲，保持深蹲在最低处。双手向前移动到足趾。坚持！侧屈扭转打开胸部朝向一侧，伸展一侧手臂指向天空。换另一侧重复。

023 全蹲式交替挥动战斗绳

双腿分开，手握战斗绳。双腿下蹲，保持平衡，双臂放在身体两侧。交替挥动手中绳鞭，甩出波浪式，训练核心肌力。

024 持战斗绳深蹲跳

手持战斗绳，并开始基础深蹲（#001）。深蹲到最底部，直腿跳起，顺势向上挥动绳鞭，然后下蹲将绳甩向地面。

025 平衡木单腿深蹲

收紧腹肌，拉伸脊柱和锻炼腿部肌肉，在平衡木上找到平衡点。双臂前伸以增加平衡，抬起一条腿，慢慢下蹲。挤压臀部，换腿并重复。

026 蹦床深蹲

将基础深蹲放在蹦床上进行变化。为了增加乐趣，尝试从深蹲的最低点快速跳起，这种变化通过蹦床的不稳定来增强核心平衡力。

蹦床的益处

在蹦床上深蹲可增加弹跳的高度和屈膝的范围。在起跳和下落时增强小腿、踝和足的伸展。在蹦床上，要始终保持从核心肌群到四肢的稳固性。

- 双足并拢站立，双臂放松下垂放在躯干两侧，确保站在蹦床的中心。
- 尽力屈膝然后跳向空中。收紧你的腿部肌肉和腹肌。
- 下落下蹲时，双臂向前伸。

027 蹦床侧方位轮流蹲

屈膝，双臂打开，右足踏上蹦床，蹲下，然后左足踏上蹦床。稳定双足，右足向右踏出，然后向左踏出。反向并重复。

028 持实心球单腿深蹲

该深蹲姿势好似手枪式深蹲（#010）并手持实心球。一条腿向前伸直仅靠另一条腿下蹲，来挑战平衡力。平稳缓慢站起。若想增加难度，可在平衡木上试试。换腿抬起重复。

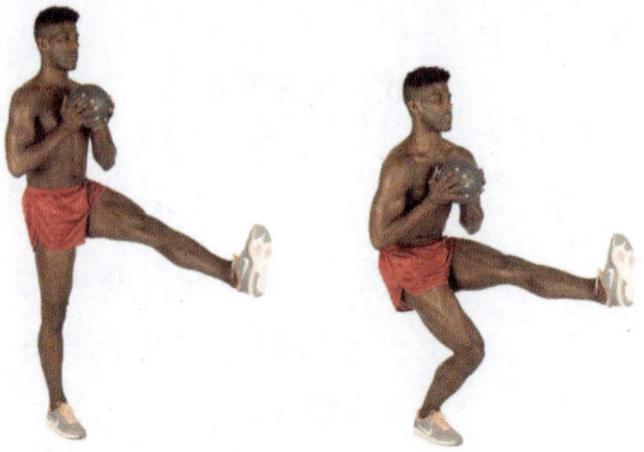

029 持重力球深蹲

单腿站立，将重力球放在肩上。每下蹲一次，将球扫过身前，然后站起，将球向后高举。换腿并重复。完成这个动作链可以快速训练侧边核心肌力和臀肌力量。

030 持实心球分腿深蹲

手持实心球在身前，采取前后分腿的姿势。下蹲（#003）后快速站立。保持手臂在前，换腿并重复。快速伸直可以训练肌肉的反应速度和平衡。

031 手持重力球过头高举相扑式深蹲

采用相扑式深蹲姿势，过头高举重力球。收紧腹肌，延伸脊柱，尽力屈膝，下拉重力球挺直背部。当大腿和膝呈 90° 时，恢复站立。

032 靠墙深蹲

背对墙站立。双足离墙约 50 cm。双臂向前平举，双足分开与髋同宽，下蹲，保持背部紧贴墙，屈膝至 90°。

033 靠墙深蹲与肱二头肌训练

倚靠墙壁支撑你的体重，便于稳定核心肌力，增加腿部力量。全程挤压背部，有助于训练背部肌肉的伸展性。

- 双手持哑铃，背靠墙壁。
- 站直，平举双臂于胸前，掌心朝上。
- 深蹲时，紧绷肘部，并屈肘至 90° 。
- 下蹲到最大限度时停留片刻，然后再站起来。

倚靠墙壁好处

你倚靠墙壁进行深蹲时，可以让脊柱以最完美的方式进行训练。倚靠墙壁让你有机会拉长脊柱并牵引椎骨，获得非常棒的伸展。

034 隔瑞士球倚墙深蹲

绷紧腹肌保持平衡以抵抗瑞士球的不稳定，并向前平举双臂。脊柱拉直，激活腿部力量，慢慢下蹲。挤压住瑞士球。绷紧腹部，然后站立。

035 隔瑞士球倚墙深蹲与肱二头肌训练

保持住瑞士球的平衡，手持哑铃深蹲。蹲下时绷紧肘部使手臂屈曲。最低点保持住并重复，以维持腿部和脊柱的抵抗力。

036 隔瑞士球倚墙单腿深蹲与肱二头肌训练

如同隔瑞士球倚墙深蹲与肱二头肌训练（#035），但有一条腿需离开地面。你的支撑腿需要更努力才能保持膝与足趾对齐。收紧腹肌便于轻松地上下蹲起。换腿并重复。

037

基础前弓步

注释
粗体字表示目标肌肉
黑体字表示其他工作肌肉
* 表示深层肌肉

正确姿势
沿脊柱拉伸核心肌肉。头部挺直，将身体的重量放在足趾上。

注意
不要弯曲后腿。保持笔直，足跟离开地面。尽量不要摇摆晃动。

前弓步练习可有多种演变，包括姿势和幅度的变化。在多种运动中都可以找到前弓步动作，在此仅列举这几项，如瑜伽、交叉练习、古典舞、足球、棒球、网球和武术等。前弓步是强大而有效的训练方法，可以一次完成向各个方向的推和拉，包括重心前移、后移、侧向移、上移和下移等。

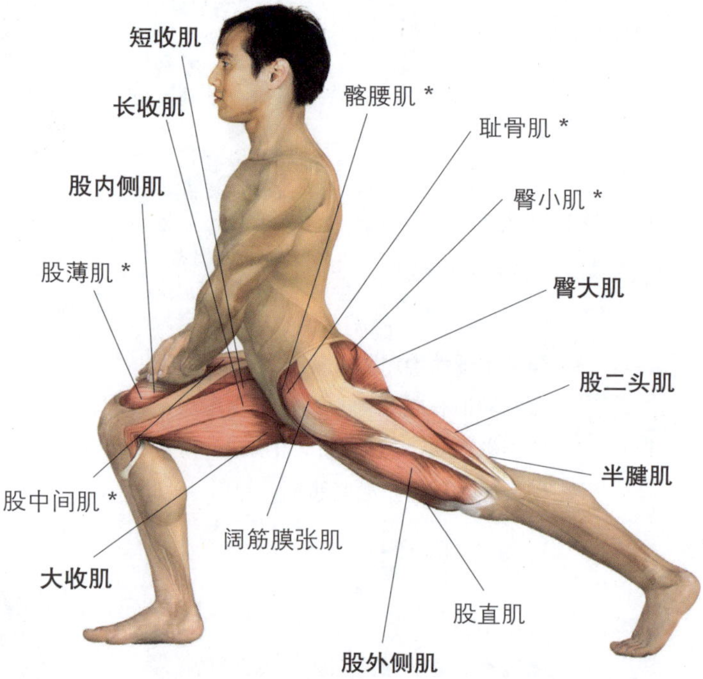

- 左腿在右腿之前，两腿尽量拉开。
- 将双手放在左膝之上，左膝尽量弯曲。
- 保持双足压在地面上，尽量伸直后腿。
- 换右腿重复。

038 深弓步

保持前弓步，左腿尽量屈膝并将双手放在其两侧的地面上。低头，尽量向后拉伸后腿。调整呼吸。极限拉伸腿部，然后站立换腿并重复。

039 深弓步并双臂拉伸

在所有弓步中，保持前屈腿的屈曲角度和稳定性十分重要。膝关节始终在足踝的正上方，不要将体重压在臀部和后腰背。努力向上拉伸手臂。

- 前弓步姿势。双手祈祷式放在头顶之上。
- 打开胸部，目光凝视朝向双手。
- 深呼吸，挤压脊柱两侧的核心肌力，以增强背部肌力。
- 换腿并重复。

040 哑铃弓步

站直时手持哑铃于躯干两侧。绷紧腹部并拉伸脊柱，向前迈步。注意保持膝关节在足踝上方并呈90° 。快速恢复站立位。换腿并重复。

041 侧弓步

双足并拢，双臂向前，向左迈出一大步，左膝屈曲，右腿伸直。保持背部挺直，绷紧核心肌肉。收回左足恢复站立位。换腿并重复。

042 前弓步与踢腿

双手叉腰站立，双腿屈曲呈弓步。向前弹踢右腿并伸直，同时向前平举对侧手臂。恢复保持双腿屈曲的弓步。换腿并重复。

043 滑冰式弓步

许多运动员将这种变异的弓步练习纳入训练中，以训练腿部肌肉的侧向运动能力。此外，当你在做侧弓步时，可以伸展股后肌群和下腰背肌群。

弓步的优势

弓步是最简单的运动之一。它非常适合训练腿内、外侧肌力，以增强背部的稳定性。弓步也非常适合改善身体姿势和保持平衡，有利于拉伸股后肌群和小腿三头肌。

- 双足分开站立与肩部同宽，身体前倾，双手放于右大腿上。
- 向前和向右弓步，屈肘。
- 伸直脊柱，调整后背在弯曲的膝部上方。
- 伸直支撑腿恢复站立。
- 在另一侧重复。

044 行走弓步

行走弓步和下半身练习是创造更好平衡性和协调性的可靠方法。平衡训练也可以增强神经系统和脊柱的稳定性。拉伸核心肌肉，可以激活更多的腿部肌群，甚至强化整个身体。

- 直立，向前迈出一大步呈弓步。
- 双手叉腰，屈双膝，快速弹起直立，恢复开始姿势。
- 双腿交替并重复，如正常行走。

045 单腿侧弓抬举

屈右膝，双臂向前下垂进入侧弓步(#041)。伸直右腿，抬高左腿，再屈右腿重新呈侧弓步。注意收紧核心肌群。换腿并重复。

046 摆手弓步

右足在后的弓步，双臂后伸。跳起来并快速换腿，呈右足在前着地的深弓步。

047 转体弓步

直立，一条腿大步向前迈出弓步。屈双膝，转体，一只手伸向内踝，另一只手伸向天空。舒展胸部，深呼吸，换腿并重复。

048 对角弓步

直立并拉伸脊柱，双手叉腰，双足并拢。收紧背部核心肌肉，将双足转向对角线，然后向前迈出一大步。快速恢复站立，倚靠腿部内外侧肌群收缩，换腿并重复。

049 转体向前弓步

做一个前弓步，并把一只手放在屈膝关节内侧地面上。舒展胸部，向上伸直另一只手臂，呼吸。该动作有利于胸部和腿部的伸展。站起来，换腿并重复。

050 前弓步并抬后腿

双手叉腰，向前迈步呈弓步，屈双膝。向后踢出后腿，并伸直。屈双膝恢复起始姿势。换腿并重复。这个动作非常适合腿部塑形。

051 平衡球前弓步

执行平衡球前弓步的正确姿势需要尽可能地伸展臀部和腿前部。当与其他练习结合训练时，平衡球前弓步可以成为身体知觉的强大催化剂，发展下肢力量。

- 从双足稍微分开，手臂向前开始。
- 第一个动作，踏上平衡球并屈右膝。
- 快速离开平衡球并退回到站立姿势，换腿并重复。使用平衡球锻炼股后肌群。

052 平衡球侧弓步

双足并拢，手臂在前，向右侧跨一大步踏于平衡球上，屈右膝拉伸左腿。保持脊柱拉伸，收回右腿恢复至站立姿势。换腿并重复。

053 平衡球静态弓步与抛掷球

持球于胸前，绷紧腹部，拉伸脊柱，前足向前踏于平衡球上呈弓步。注意保持前方膝部在足踝上方。将球抛起，保持平衡，再抓住。换腿并重复。

054 前弓步与重力球

向前跨出一大步，屈双膝，持重力球靠在胸前。保持前弓步并在前腿下方快速传递重力球，克服手臂运动，保持核心肌力以维持身体平衡。换腿并重复。

055 弓步与实心球过头举

持实心球于胸前，向上抬起右腿并保持，向前迈步，屈双膝呈前弓步，高举球过头顶。保持平衡，收腿回到直立位，换腿并重复。

056 平衡木与前弓步

双腿前后站立，前举双臂保持平衡。前倾并屈后侧膝部，使其轻轻接触平衡木。慢慢地站起来，靠近前腿。换腿并重复。

057 前弓步与重力球

向前跨出一大步呈弓步，屈双膝，实心球靠在胸前。身体前倾，在前腿下快速传球，克服手臂运动，保持核心肌力以维持身体平衡。换腿并重复。

058 单腿侧向弓步和哑铃举

当你采取侧弓步时（#041），重要的是确保屈曲的膝在足踝上方。屈膝完成侧弓步时，臀部不能晃动往后坐。保持背部对角线，保持核心肌力稳定。

形状与塑形

侧弓步对塑造大腿和臀部肌肉形状是一种非常好的方法。单独屈髋和屈膝练习，将注意力集中到腿部肌群，可以塑形股四头肌、股后肌群和臀部肌群。

- 右腿侧弓步（#041）。
- 屈膝并手持哑铃，保持住！伸直右腿，拉伸脊柱并抬起左腿。屈膝再次呈弓步。
- 换边重复，注意收紧核心肌力。

059 反向弓步

前弓步的相反面就是反向弓步。双足并拢直立，后撤一步，屈双膝呈反向弓步。保持背部挺直，重心前倾保持平衡。重复，后撤另一条腿。

060 反向弓步抬膝部向上

双手叉腰站立，后撤一步屈双膝做反向弓步。提拉后腿，屈膝向前推向胸部。向后摆动腿再次屈双膝。重复，后撤另一条腿。

061 持杠铃反向弓步

双足并拢，双手持杠铃放在头后，保持肩部平衡。尽量屈膝呈反向弓步，保持重心于前足。呼吸，回到站立位。重复，后撤另一条腿。

062 持哑铃反向弓步

手持哑铃，通过核心肌力分开双腿，向下压呈反向弓步（#059），确保不晃动双臂。呼吸，回到站立位。重复，后撤另一条腿。

063 高举壶铃反向弓步

右手高举壶铃过头顶，侧向平举左臂以保持平衡。从直立到右足后撤呈反向弓步（#059）。保持双膝部在足踝正上方，双臂用力。换左腿重复。

064 扭触足跳跃

这种高强度爆炸性运动是训练股后肌群、小腿肌群和下腰背肌群的最佳方式之一。你可以稍微改变的是，保持双膝微屈，保证深呼吸。

- 快速进入侧弓（#041），屈右膝并轻拍右足趾。
- 向上摆动双臂，核心和臀部肌肉发力，起跳，然后左腿着地，轻拍左足趾，换边继续。

065 跳跃式弓步

双腿分开站立。屈双膝呈前弓步，快速跳起，腾空时换腿，以两腿相反的姿势着地并屈膝。根据需要摆动双臂。

066 屈膝弓步

双足并拢，双臂向前平举。向右迈出右腿呈侧弓步，保持住。然后左腿转到右腿后面，收紧大腿前部和背部核心肌力，换边重复。

067 弓步跳

弓步压腿和下压身体配合跳跃是创造更好平衡性和协调性的可靠方法。这种平衡训练同样可以稳定神经系统和脊柱。

让我们跳吧!
据说像弓步跳这样的运动是世界上最好的练习方式之一。它具有挑战性，然而一旦掌握，结果就会令人震惊！跳跃训练可以使人获益良多，比如有氧耐力、动态爆发力、核心力量和心血管健康。

- 开始时直立。深度挤压腹肌，屈双膝呈前弓步。激活腿部并快速向上跳跃，同时向上向前摆动双臂。
- 腾空换腿，落地时呈屈双膝的前弓步。

068

俯卧撑哑铃交替划

这个运动之所以又叫“背叛者划”是有原因的。背叛者通常用来描述非传统和反叛的，或者是背道而驰的做法。这个练习确实有太多非传统性，执行练习需要高度集中，并且能够专注于保持稳固不动、核心稳定，以及配合独立、快速、动态的划动臂部运动。

正确姿势

保持平板支撑姿势，同时进行俯卧撑哑铃交替划。双臂高度应该低于肩部。

注意

不要让身体的重心向前或向后移动。保持与壶铃直线平衡。

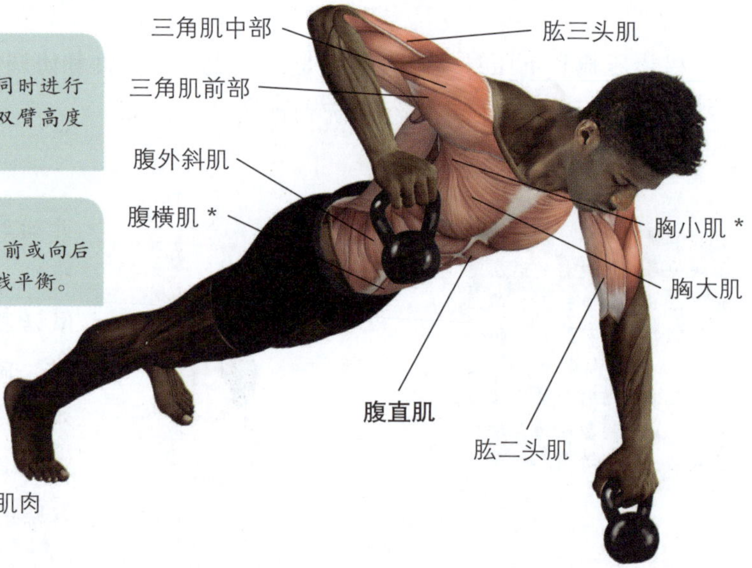

注释

粗体字表示目标肌肉

黑体字表示其他工作肌肉

* 表示深层肌肉

- 双手握住壶铃，进入最佳的平板支撑位置。
- 确保你的腹部收紧向上拉伸背部，并且腿部拉长用力，确保足跟承重。
- 保持身体与地面平行，向上提拉右手壶铃，使其与身体侧面保持同一平面。一定要保持身体其他部位不动，只有手臂在动。
- 轮流拉起并放下壶铃，从右向左进行。

069 单腿俯卧撑哑铃划

开始姿势如平板支撑“背叛者划”，每只手持一个壶铃。将该动作稍做改变，使对侧腿和手臂一起抬起以增加挑战性。记住保持身体重心的良好和静止。

070 单臂T形划

如果你想在运动中寻找更具有挑战性的姿势，就试试这个变化吧。其好处包括强壮的腹肌，超级发达的背肌及核心肌肉，发达匀称的手臂。

- 从平板支撑位置开始，每只手都持一个壶铃。
- 现在，深深倚靠核心肌力，激活双臂，交替转动，舒展胸部扭向一侧。
- 每一次都允许手臂伸向天空并旋转。

071 瑞士球支撑划

健身专家建议在每周的健身计划里，使用瑞士球训练至少 1 周 3 次。这样练习能增强胸部和三角肌的稳定性，会产生很好的效果。

瑞士球稳定性

这一平板臂划的变化在于借助了瑞士球，并手持哑铃，有助于增强核心力量。为了举起手中哑铃重量，全身肌肉都要配合维持上背部良好姿势。对于希望增加核心和腿部稳定性的人来说，这也是一个很理想的方法。

- 将重心放在瑞士球上，手持哑铃。
- 身体保持直线，双臂垂于瑞士球两侧。
- 收缩腹肌，屈肘上拉哑铃。重复。

072 平衡球支撑划

在你的训练中加入一个不稳定的平台，如平衡球，有利于强化身体平衡性和协调性。在这种变化中，通过增强核心肌力来稳定支撑于平衡球中心的那只手臂。

- 双足稍分开，一只手臂放在平衡球中央，保持一个有力的支撑姿势。
- 右手拿一个哑铃，然后把它拉近你的胸部。稳定核心肌力，放下哑铃。
- 交换手臂并继续轮流进行。

073 壶铃支撑划

双足与臀部同宽站立，右足放于身后的箱子上。右手持壶铃，左手放在臀部。屈髋，骨盆前倾，躯干深深向前倾斜，提拉壶铃至胸部。交替换边。

074

8 字投球法

8 字投球的移动非常有利于增加核心稳定，同时也利于发展上半身的运动幅度。一旦掌握了 8 字投球的最大高度，脊柱可以伸展 2.5~5 cm。如果你参与的运动项目需要左右扭转或旋转上半身，如网球、高尔夫、棒球、游泳或铅球，这是一个极佳的训练动作！可以通过增加一个负重的实心球、壶铃、沙袋或重圆饼来挑战你的运动幅度。

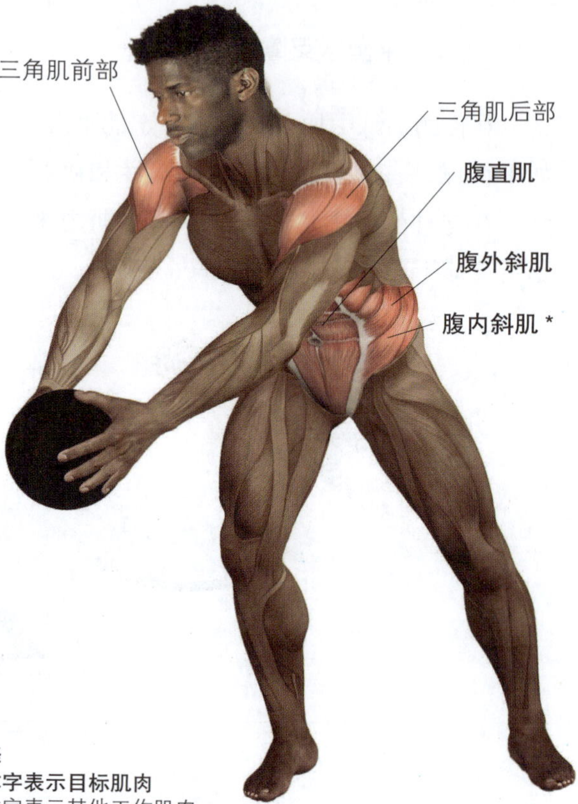

注释
粗体字表示目标肌肉
黑体字表示其他工作肌肉
* 表示深层肌肉

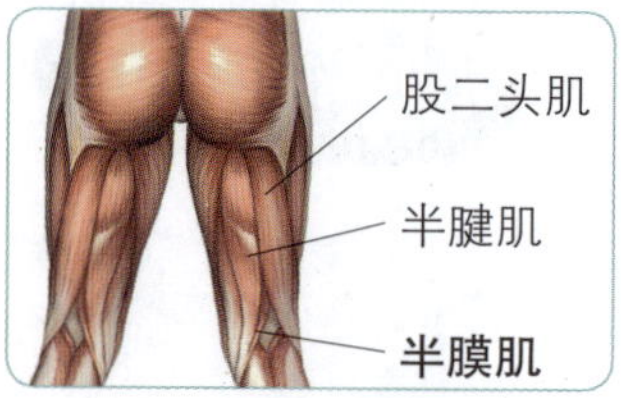

正确姿势

一定转向屈曲的动作腿，保持膝在踝的上方以维持支撑。

注意

不要调整后腿的支撑重量，直到躯干的扭转达到极限。

- 双足与肩同宽站立。手持一个实心球，放于腹部底部。
- 举起双臂，实心球置于身体对角线，左肩之上，保持臂部向前推，右足稍微内扣，足跟离地。抬头看球。
- 球和手都放回躯干中心，划 8 字，然后向右重复。

075 缆线伐木

双足与肩部同宽站立，双手拉动缆绳向右侧，以一种平稳可控的动作，将缆绳推向左侧臀部。控制住缆绳，回到起始位置。在另一边重复。

076 拉肩伐木

手拉缆绳做好标准的伐木姿势。这次，从更高的位置开始。从肩以上拉动缆绳穿过身体。扭动并旋转上半身保持臀部不动。腹肌也参与进来。

077 重力球伐木

伐木动作不仅能增强臀部和骨盆的稳定性，也可以从里到外激发和刺激背部及核心肌群，扭转躯干也有利于增加伸展性。

- 双足分开站立，手持一重力球。收紧腹肌。
- 下腰背和腿部肌肉也发力。
- 持球向右扭转身体，球放低位，屈膝关节，然后用力反向扭转，推球转到左后上方，腿蹬地扭转。
- 交换手臂，重复动作。可以挑战更重的球或盘。

078 力量交叉伐木

分腿站立，将实心球放于身体前面。做一个左腿在前的深弓步，屈双膝，将球摆动到左膝。然后站立，直腿推球向右，放在右肩后面。换边重复。

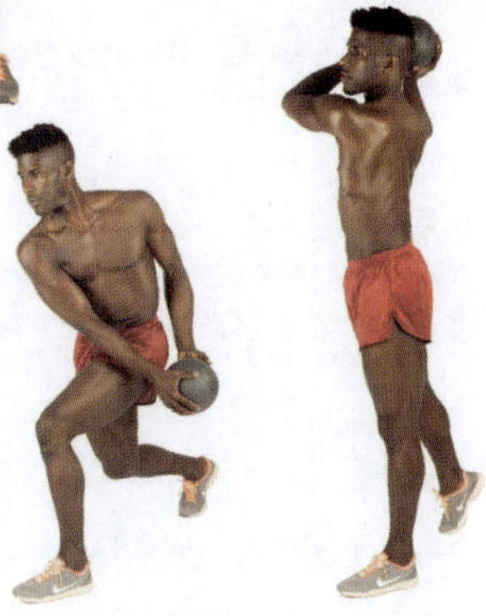

079

过头举

注释
粗体字表示目标肌肉
黑体字表示其他工作肌肉
* 表示深层肌肉

在世界健身领域，过头举早已被熟知。提拉任何器械的能力都有助于拥有功能健康的脊柱，然后辐射到其他支持肌群。具体来说，过头举可以强壮上半身，如手臂、胸部、上背部和肩部。拥有强壮的上半身也能让该部位的其他器官健康。用阻力带或任何其他器械进行过头举，更有助于形成稳定的肩部、结实的腹肌和脊柱，当然，还能强壮手臂和胸部。

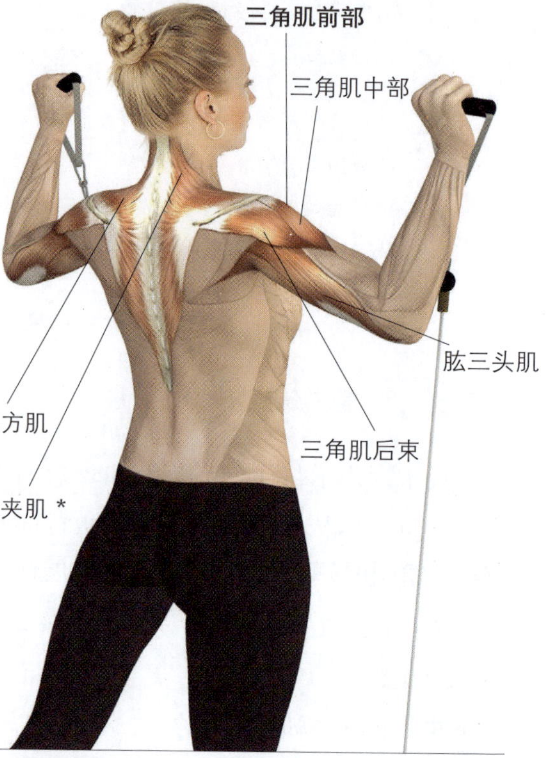

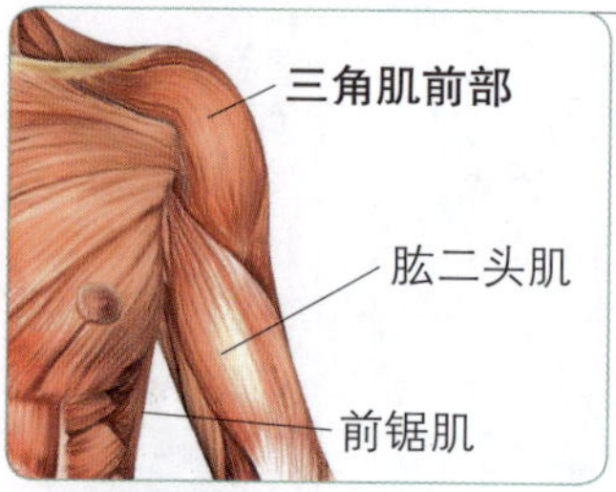

- 以前后分腿站立姿势开始，臂外展与肩部同高，屈肘呈 90°。如果使用阻力带，确保将它安全固定在前足的中间。
- 利用腹肌和上背部肌，慢慢伸直手臂，对抗阻力。
- 你的手臂完全伸直，保持片刻后放下手臂。

正确姿势
提拉过程中保持肘部、腕部、手部和肩部在合理的直线上。

注意
不要向前过伸或向后过收下颌。

080 地板卧推

平躺在地板上，手持实心球于胸前。呼气，将球推向天花板，吸气，降低。

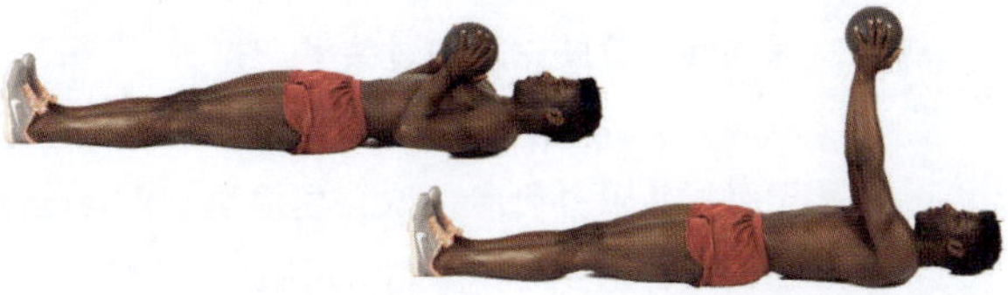

081 哑铃肩上举

坐姿，收紧腹肌，挺直背部，自然分开双腿。双手握住哑铃，外展肩，屈肘呈直角。呼气，举起双侧哑铃。在最高点坚持住，降低，然后重复。

082 肩部推举

手持哑铃，站直，收紧核心和背部肌肉。保持肩部下沉，屈肘，将哑铃举过肩，然后上举过头。保持正确的姿势。

083 4 步式过头推举

这个过头举包括4个方向。哑铃放于左肩：①将哑铃举过头顶；②下落将哑铃放于右肩；③将哑铃举过头顶；④下落将哑铃放回左肩。重复。

084 保加利亚分腿蹲和哑铃举

双手持哑铃放于躯干两侧，并开始保加利亚式的分开蹲姿势。蹲下时，屈双肘，然后伸肘上举过头顶。脊柱和腿保持伸直，肩部下沉。

085 保加利亚分腿深蹲和过头举

双腿分开站立，后足放在一个盒子上。下蹲时，双臂举过头顶并合十。双膝屈曲呈 90° 接近地板。两腿交换，重复动作。刺激臀肌。

086 斜面持哑铃卧推

将背板向下倾斜。足钩住台面下方处于高位，后背躺在背板上，慢慢推举两个哑铃过头顶。

087 瑞士球哑铃卧推

收紧腹肌躺在瑞士球上。双手握住哑铃，与肩部保持正确角度。呼气，将哑铃推向天花板，保持住，落下，然后重复。

088 瑞士球肩上哑铃举

坐在瑞士球上，收紧腹肌和肩带肌群。上臂与肩部呈 45° 角。交替上举哑铃过头，一次一个。保持肩部放松，后背用力。

089 平衡球深蹲和过肩推举

双足站立在平衡球上。 双手各持哑铃举过头顶。收缩核心、臀肌和股后肌群以保持平衡。慢慢下蹲，保持脊柱挺直，同时将哑铃降至胸部高度。坚持住，然后站起来，再次举起哑铃。

090 实心球过肩扔

对那些希望稳定自己的核心肌群，同时也希望上半身获得更大旋转范围的人来说，肩上投掷是一个很好的动作。随着投掷高度的增加，也会伸展脊柱和背部。

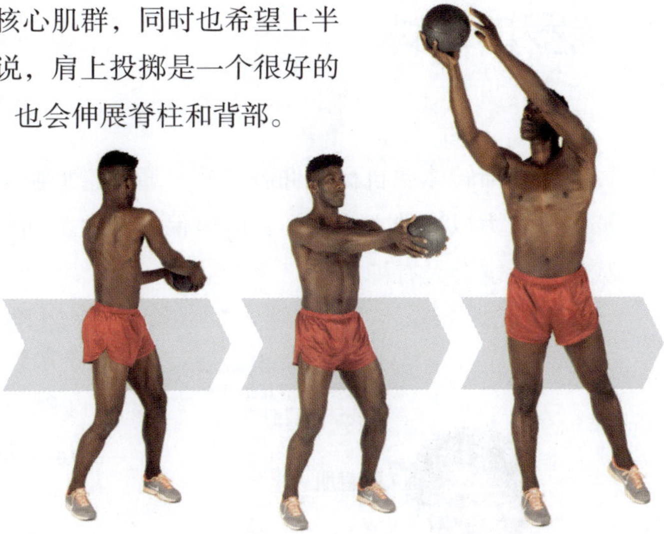

- 开始姿势：手拿实心球，双足张开。
- 然后，将身体向左扭转，球刚好在臀部以上。
- 最后，屈膝，将臀部向右推，以腿为轴转动，用力将球旋转到身后的右角。交换边并重复。

091 平衡球手臂举

翻转平衡球，使凸面朝上。走到平衡球的中央，双手握住哑铃放松地置于身体两边。核心肌群收紧，慢慢将哑铃侧平举。

092 侧肩伸展平衡球侧支撑

采用侧面平板支撑姿势，一只手支撑在平衡球中心，双腿叠放。保持身体的前部平直，沿着身体把手臂举过头顶。通过稳定核心肌群保持脊柱自然伸展，换边重复。

093 平衡球背部双侧举

每只手拿一哑铃，面朝下躯干支撑趴在平衡球上。手臂沿球垂下，同时躯体应保持一条直线。分开肘，上下拉动腹肌，向身体两侧张开双臂。

094

俄罗斯转体

俄罗斯转体源自标准仰卧起坐，通过增加躯干的左右扭转来增加趣味。能够克服重力以这种方式扭转，同时保持下肢不动和固定，确实是一个巨大的挑战，但肯定会大有裨益。

- 双臂放在身体两侧，躺在地板上，将背肌与下面的地板融为一体，腿内侧一段收紧在一起，并向身体中线方向挤压。
- 屈膝，沿着地面把足内收，足和臀部之间大约为 60 cm。双腿仍并拢，双足放在地板上，腹肌内收坐起，双臂抬起向前伸向膝部。
- 肩部抬离地面，手臂沿着膝部斜伸，充分活动腹肌和腿，从一边向另一边做转体。腿和上身的姿势保持不变。仅上身扭转，使身体面对左右。没有折中的形式，尽可能地扭转。

注释
粗体字表示目标肌肉
黑体字表示其他工作肌肉
* 表示深层肌肉

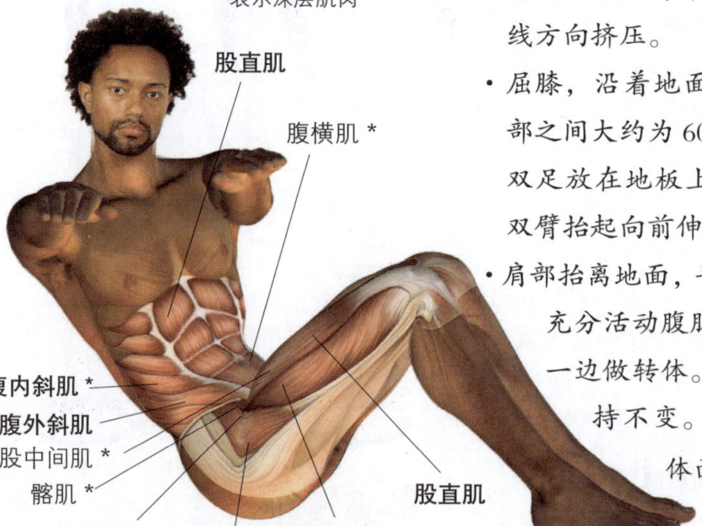

健康的臀部
正确完成俄罗斯转体动作不仅会使臀部和骨盆得到极大的稳定，还会从里到外激发和刺激背部及核心肌群。控制身体两侧动作时，使上半身克服重力抬离地面，让身体以自身重量为促进因素进行动作！

正确姿势
一定要保持大腿内侧和小腿紧紧并拢在一起，用力压向中线。

注意
不要让手臂扭曲超过躯干的旋转能力。

095 高阶俄罗斯转体

保持俄罗斯转体姿势（#094），双足离开地板，小腿平行于地板。做到这一点，要内收下腹，将下腹往更深处压向脊椎，并向头部和头上部拉长后背部。在保持这个姿势的同时进行俄罗斯转体动作。

096 平衡球坐姿俄罗斯转体

保持俄罗斯转体中的正确动作，需要延长臀前部的能力，允许躯干左右旋转，同时也能稳定核心和下肢。

- 保持俄罗斯扭转姿势，双手握住瑞士球（#094）。
- 左右扭转，每次换边时，让球轻轻地擦过你的膝部。
- 保持躯干在某一角度，挑战核心肌肉。

097 站立俄罗斯转体

手拿实心球，双足张开站立。向右扭动身体，膝部稍微屈曲，使劲转向左侧。每次动作时都要用力旋转球，扭转和旋转核心肌肉的同时，旋转腿。

098 臀部转体

这种动作变化让你有机会锻炼内部的核心肌群，这部分深层肌肉有时很难锻炼到。通过保持双腿在空中抬高，并从核心肌群深处获得肌力维持稳定，都可加强深层和浅层的腹部肌群。

- 保持俄罗斯扭转姿势，双手放在你身后的地板上。
- 将腿抬离地板，伸成 V 形。
- 使劲内收下腹部，稳定臀部，向右摇摆双腿，然后向左摇摆。呼吸。

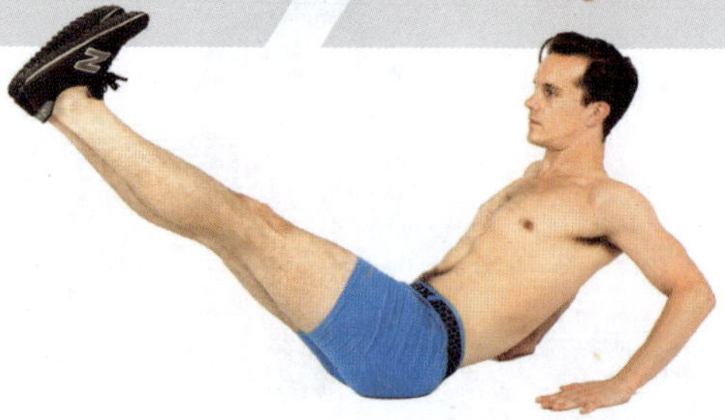

伸展和抬高

腿抬高是提高身体整体健康的一个极好的方法。它们不仅加强了核心肌肉群，而且对稳定下背部和缓解背痛也很有帮助。该动作操作简单，不需要道具。

099 脊柱转体

腿自然伸直，足并齐坐好。从臀部拉起，躯干挺直，双臂向两侧张开，将上半身左右扭转。尽量扭转，腿保持静止。

100 转体高抬腿

脊柱自然伸直，双腿分开站立，肘部屈曲，双手刚好超过肩部高度。向左扭动躯干，抬起左膝，碰触肘部。换边，以均匀的速度进行动作。

101 背阔肌转体

在这种旋转变化中，保持足跟不动。臀部需要收紧和移动，将整个躯干向侧边摆动。腿应自然而柔软，手臂应伸展至头顶上方。

- 首先双腿向中线收紧。
- 手指交叉，向外翻转手掌。
- 双臂举过头顶，从臀部向左弯曲。
- 向左，向前，然后向右转动你的躯干。它应该就像画圆圈。反向重复。

102 凳子转体

在椅子上，深呼吸几次。右臂向下伸出，穿过两腿之间，抓住椅子腿的下部。当你感觉良好并伸展开时，深呼吸，坐起来换边。

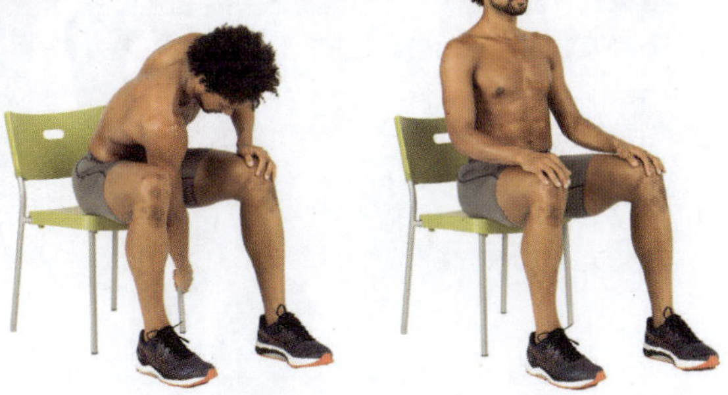

103

杠铃硬拉

进行硬拉，尤其是杠铃硬拉，将大大增强核心力量和核心稳定性。杠铃硬拉目标是为所有的肌肉创造良好姿势。通过各种日常活动也能保持背部挺直。如果你想只做一项神奇的运动来锻炼全身肌肉，杠铃硬拉就是。这种硬拉同时作用于你的下半身和上半身肌肉，包括背部肌肉。不论你相信与否，做一些杠铃硬拉能提高有氧运动能力！

注释
粗体字表示目标肌肉
黑体字表示其他工作肌肉
* 表示深层肌肉

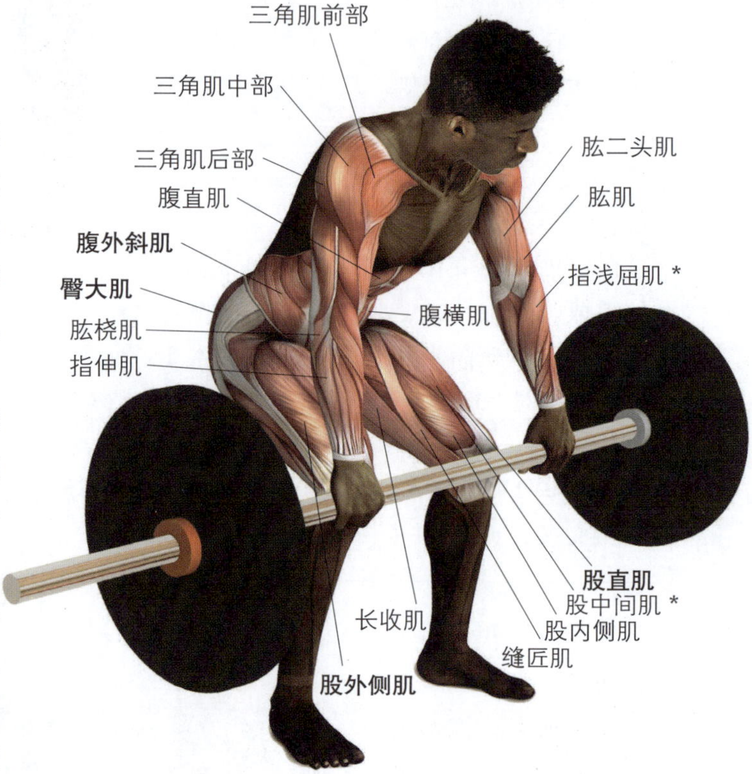

- 双足分开与肩部同宽，直接在杠铃后面站直。
- 收腹肌，稍微屈膝，从臀部向前弯曲。
- 当手能抓到杠铃时，紧紧地抓住它，背部肌肉和核心肌群紧密配合，沿小腿前面向上拉杠铃，一直拉到髋部。整个动作过程中双臂始终保持伸直。再次放下杠铃。

正确姿势
硬拉目标是下背部肌肉和腘绳肌。一定要保持身体的这两个部分挺直和伸展。

注意
在这个动作中，不要让杠铃摆动或改变。保持重心在身体的中轴。

104 杠铃强力翻

杠铃强力翻是一种将杠铃重量直接放在身体前部的动作。通过动态地快速上举或抓取杠铃，可以提高核心力量以及下背部、腿部的稳定性。

速度和连贯
重要的是要注意，速度是进行上半身训练时要考虑的一个动态因素。以较慢的速度进行重复动作会增加肌肉的长度和力量。加快成套动作有助于通过有氧运动增强肌肉耐力。

- 从一个深弯腰的下蹲姿势开始，紧紧地握住杠铃。
- 在动作中，把杠铃沿着身体前部向上拉，放在肩部。
- 通过腿和核心肌肉的配合，然后再次将杠铃放下。

105 杠铃强力翻和挺举

从一个深弯腰的下蹲姿势开始，紧紧地握住杠铃。在一个动作中，把杠铃沿着身体前面向上拉，一直拉到肩部。再把杠铃举高，举过头顶。通过腿和核心肌肉的配合，再次将杠铃放下。

106 杠铃上翻和挺举改进

经典的杠铃上翻挺举是增强腿部和背部力量的最有效的运动之一。如果你想明确和凸显这些部分的肌肉，掌握这一动作会有好处。根据需要用重量进行修改。

- 从一个深弯腰的下蹲姿势开始，紧紧地抓住杠体。
- 深层腹肌与腿部背后的肌肉紧密配合。
- 在一个动作中，沿着你身体的前部向上举该杠体，一直举到肩部。
- 将杠杆举过头顶，核心配合放下杠杆。

107 哑铃硬拉

哑铃放在身体两边，站直。从臀部向前自然屈身。双腿伸直，把重心放到身体前部。 开始的时候，背部向上伸展到直立位。当你前后移动时，重复并保持背部平坦。

108 单臂哑铃硬拉

首先，站立位收紧核心肌群，右手抓一哑铃。深屈膝，以臀部为轴转回标准蹲姿。向右倾斜，沿着身体向上拉重物，右侧臀部打开。交替换边并重复动作。

109 壶铃单臂硬拉

首先，站立位收紧核心肌群，右手握住壶铃。深屈膝，以臀部为轴转回标准蹲姿。伸展双腿，将壶铃沿身体前方向上拉，右肩打开。用左手提壶铃重复。

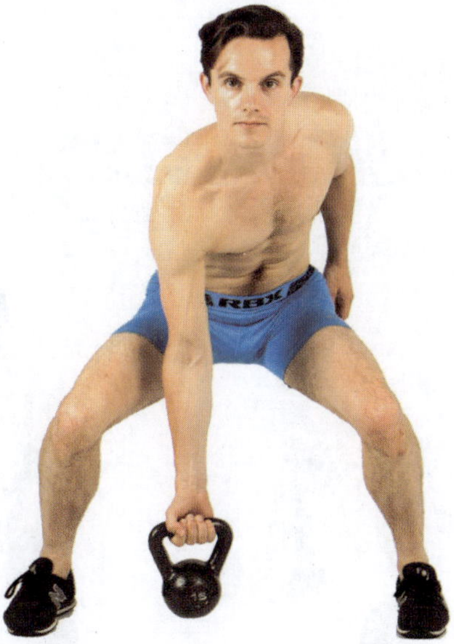

110 单腿直立壶铃硬拉

双手握住壶铃，躯干向前弯曲，同时将左腿向后伸展。用壶铃的重量把身体向前和向下拉，直到壶铃放到地板上。让你的腹肌保持深度参与。交替换腿并重复。

111 罗马尼亚硬拉

罗马尼亚硬拉与力量挺举运动类似。不同之处在于腿会比标准硬拉蹲得更深。杠铃垂直放在身体面前，屈膝，在一次动态快速计数中持续抓起杠铃。

- 以深蹲姿势开始，用手紧紧反握杠铃。
- 在一个完整动作中，屈膝，使骨盆回到足跟，当你站起来的时候，向上拉杠铃。
- 经过腿和核心，然后再次将杠铃向下放下。

锻炼下肢

如果你想调节大腿和臀肌，硬拉是一个很好的方法。通过分离臀部和背部形成弯曲的位置，你可以将身体的锻炼集中到腿部，这就会形成有型结实的股四头肌、腿肌和臀部。

112 直立杠铃硬拉

站直，双足分开与肩部同宽，杠铃直接放在前面。从臀部向前弯曲，拉伸腹肌。当你的手可以碰到杠铃时，紧紧地抓住它，用背部肌肉和核心，沿着小腿前面向上拉杠铃，一直拉到臀部。保持双腿伸直。

113 杠铃过伸

首先，双腿分开与肩部同宽站直。抓起杠铃，横跨肩部。当从臀部向下屈时，肱二头肌和上背部配合，向上向内压紧核心。前屈时，要保持背部挺直。

114 哑铃晨练

首先，双腿分开与肩部同宽站直。拿起哑铃，分别放在两肩部。当从臀部向下屈时，肱二头肌积极参与，向上向内压紧核心。当前屈时，要保持背部挺直。

115 负重行走

每只手提一个壶铃，站直。右腿向前一步，然后左腿再向前。交替换边并重复，犹如正常行走。当行走时，收紧核心，壶铃一直保持在身体两侧。

116 沙袋翻转

脊柱自然伸展，站直。双腿分开，牢固深蹲，抓住前方沙袋的一边。提腹肌使脊柱拉伸，上下快速翻动沙袋。

117

战绳左右摆

注释
粗体字表示目标肌肉
黑体字表示其他工作肌肉

如果你想进行全身强化训练，也想提高你的有氧运动的能力，战绳训练可以达到效果，甚至更好。

由于战绳的动作范围广，它能够让你更有活力地锻炼，能完成和达到比基准重量大得多的角度。当使用战绳时，你的核心工作负荷很大，有氧运动达到了很高的水平。

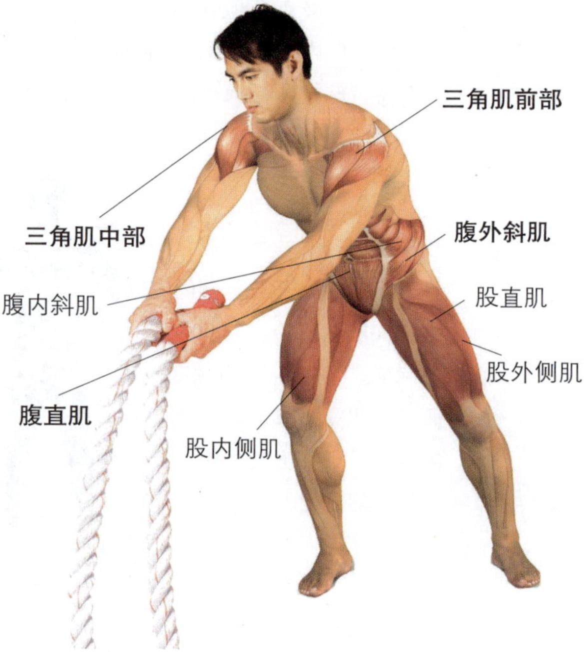

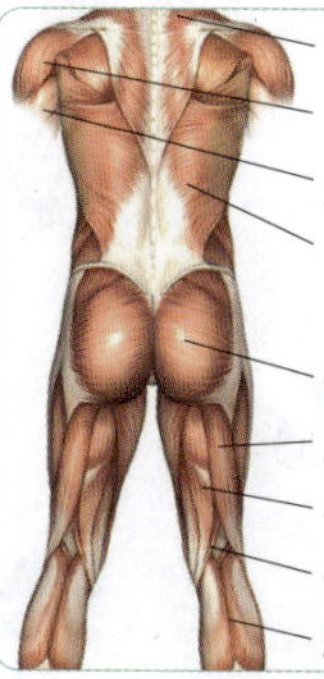

正确姿势
牢牢抓住战绳，因为它们很重，很容易从手中滑出。

注意
避免核心松散。保护好腹肌避免下背部受到强有力的冲击。

- 双腿分开站立，膝部屈曲以保持平衡和距离。向上和向内拉核心，并使腿的后部参与。
- 双手分别握住手中的绳子，向左摆动。
- 然后，向右摆动，臀部和腿部不动，仅上半身旋转。

118 战绳交替摆动

双足分开与肩同宽站立，牢牢抓住战绳。稍微屈曲膝部，从一只手臂将绳子抛向空中开始，形成一个波浪。然后交替摆动手臂，制造波浪，直到你与战绳达到节奏一致。

119 战绳蛇形运动

双腿与肩部同宽站稳。紧抓战绳，开始时用力相向摆动战绳，战绳交叉，形成蛇形。

120 战绳外旋螺旋

双腿距离与肩部同宽站稳。抓住战绳，开始时用力将战绳背向摆动，然后交叉战绳，并产生远离身体的螺旋。

121 战绳拍打

两腿距离与肩部同宽站稳。抓紧战绳，先用力摆动绳索远离中心线，再把战绳拉回来互相撞击，做拍手动作。

122 战绳交叉猛击

握好战绳，采取阔肩站姿。放低姿势呈蹲姿，下蹲到底后，手臂一起猛然抖起，将战绳抛向空中，然后将它们甩向左外侧。两边交替动作。

123 战绳开合跳

在你手握战绳的同时，完成一个标准的开合跳跃，这是战绳的一种挑战性变化。再将手臂一起举过头顶，双足张开跳跃，完成一个开合跳。

124 战绳双臂波浪

采取同肩宽姿势站立，先双臂一起将战绳抛向空中，形成两个大波浪。持续抖动战绳，形成波浪，直到你和战绳节奏同步。随着越来越多地抖动战绳，为了保持平衡并保持战绳抖动，你可以根据需要随意屈膝。

125 战绳双臂猛击

打开双腿，屈膝，呈半蹲姿势。大幅抖动，大力作用于绳子上，把战绳抛向空中，然后用力地砸向地面。

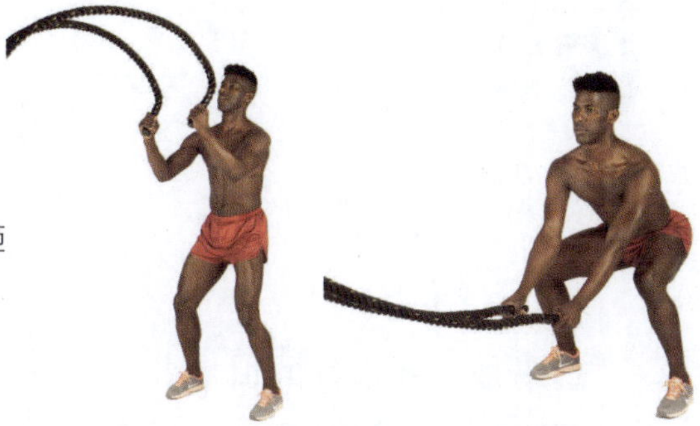

126 战绳双臂蹲式波浪

进行该动作时应保持双足安全牢固地站在地上。 密切关注战绳波浪大小。确保使用大范围抖动，形成稳定的、上下波动的大波浪。

良好的战绳锻炼

战绳在目前的常规训练中非常常用。

制造交替波浪和跳跃使动作贯穿于全身，充分地锻炼上肢和下肢。

- 双手握战绳，下蹲呈蹲姿。
- 保持蹲姿，将战绳一起抛向空中，形成两股大波浪。
- 不断抖动战绳，形成波浪，最终和战绳达到节奏一致。

127 战绳左右强摔

双腿分开站立，屈膝以保持平衡和活动范围。双手分别握住战绳，以核心为圆心，在身体下部向左摆动，然后向右摆动，将上半身左右旋转，同时转动双足。

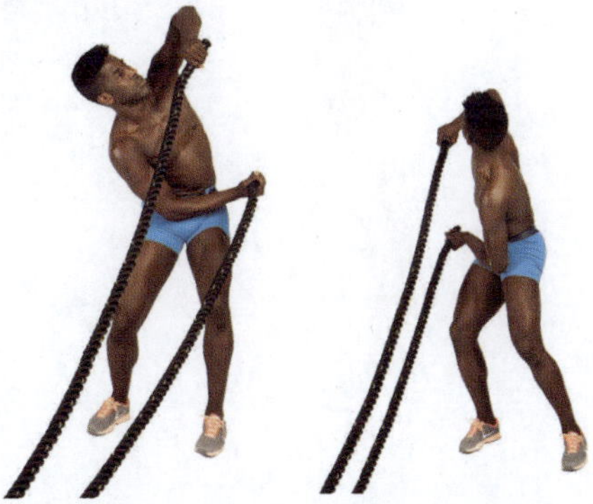

128

直 踢

直踢是一种很好的训练平衡的方法，在直踢中，将腿摆动，从身体中心抬起，然后收回，身体其他部分保持不动。向前、侧、后踢，伴随着臀部和骨盆的活动增加，也有助于加强核心肌肉群，增强脊柱和腿部的稳定性。踢腿已出现在世界各地的各种常规健身和运动模式中。

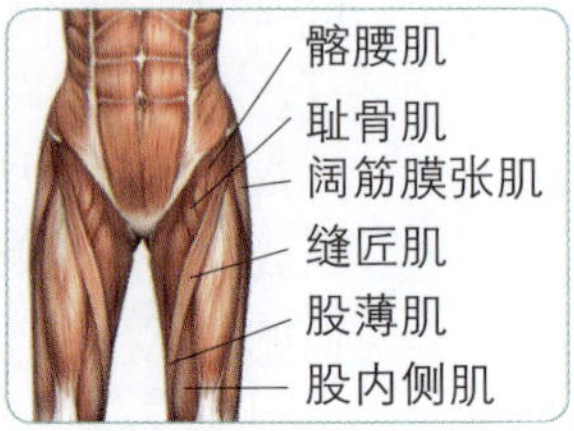

注释
粗体字表示目标肌肉
黑体字表示其他工作肌肉

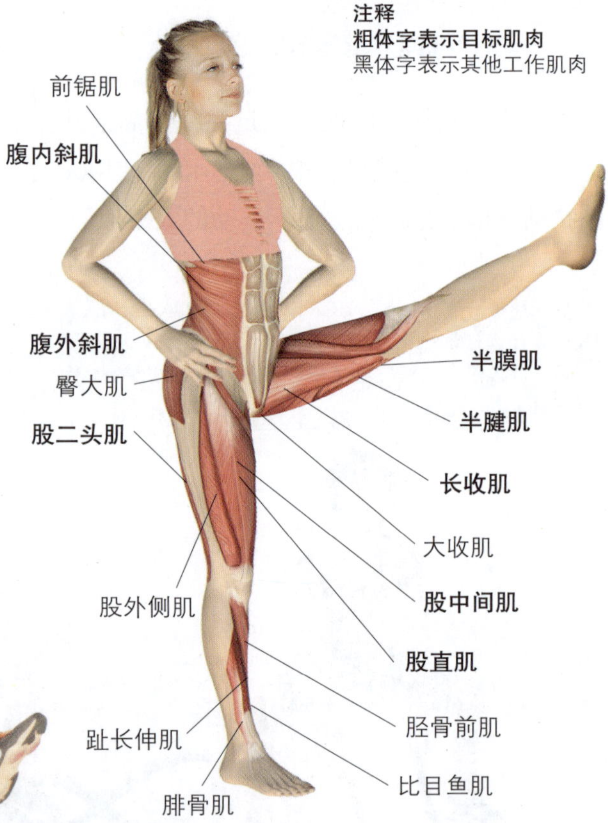

正确姿势
当腿踢出时，注意保持动作腿对应的臀部向下，尽量不要让臀部不自然地抬起。

注意
不要大力踢腿，做动作时应轻盈放松。

- 站直，绷紧核心，脊柱直立。
- 把手放在臀部。
- 分开腿与肩同宽，在一拍动作中，左腿向前踢。靠腿的自重回收至起始位置，然后换边。

129 手抓足趾举升

站立位，腹肌与脊柱紧密配合，以达到最佳平衡。把身体的重量放到踇趾球上。屈右膝，用右臂下伸，抓住右足趾，向前伸足。双腿交换，重复动作。

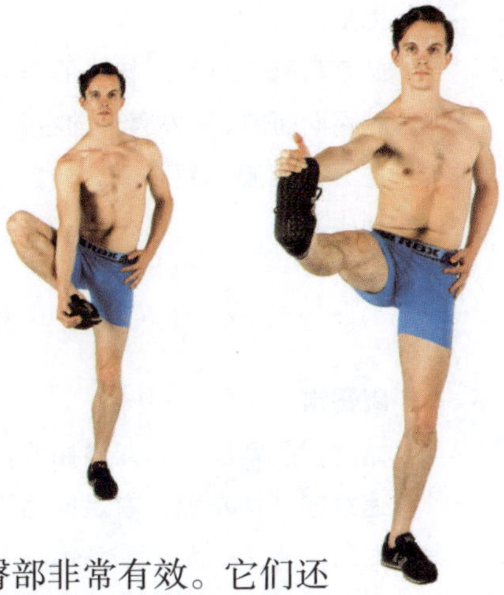

130 摸足趾踢

摸足趾踢对于稳定核心，拉伸腿肌与臀部非常有效。它们还有助于加强下肢和增强平衡。如果你还不能触到足趾，尽可能向前伸。

- 站直，两腿距离与肩同宽。举起右臂。
- 核心肌群和腿配合，把左腿向前踢出。
- 向前伸出右臂去触摸左足，务必只用腿和臂摆动。换边并重复。

131 伸臂踢

站直，两腿距离与肩部同宽。核心肌群和腿配合，把右腿向前踢出。将左臂伸向面前远方，指向右足，确保后背挺直。交替换边并重复动作。

132 鬼步

站直，脊柱挺直。核心肌群和腿配合，右腿踢向面前。把左臂伸向右腿，屈伸右足。务必只用腿和臂摆动。向前走，换边重复动作。

133 踢臀跑

站立，收紧腹肌。双膝屈曲，快速跳起，伸左腿，右足向后踢。向前移动，换边重复动作。

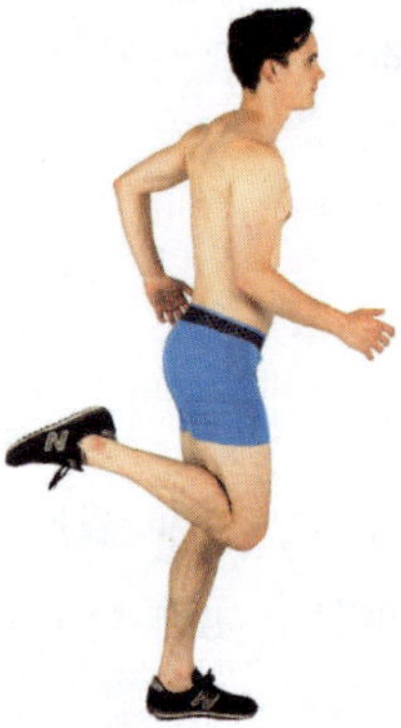

134 高抬腿

站直，双臂伸直放在身体两侧。核心肌群和大腿的后群肌肉配合，将右膝抬高至胸部。在同一节拍快速动作中，把右腿放下，左腿抬起来。动作变化时可以双腿弯曲。

135 高抬腿行进

站直，肘部向外伸直与腰部同高。核心肌群和大腿的后群肌肉配合，抬起右膝碰触右手。交替进行，抬起左膝，碰触左手。

136 举臂高抬腿行进

站直，前臂从肘部向前伸直，刚好低于肩部高度。核心肌群和大腿的后群肌肉配合，抬高右膝，碰触右手。交替进行，抬起左膝，碰触左手。

137 瑞士球行进

瑞士球行进非常有助于锻炼协调性和敏捷性。双臂伸出肩前持球，同时交替抬膝碰触球后部，在此过程中需要骨盆、上背部和腹部保持稳定。

- 开始时，双足稍微分开，举起持瑞士球的手臂。
- 将球伸到远离身体的前方，在同一个动作中，先将右膝抬起，碰触球的背面，左腿保持平衡。
- 换另一条腿，将左膝轻敲至球的背面，继续交替换腿。

138 站立提膝

站直，双手斜向伸出，屈膝，双手猛然后伸。蹬后腿，将膝部向前抬至胸部。手臂与膝部相对摆动。两腿交换，重复动作。

139 腹部踢

直躺在地板上，脊柱放直。屈腿，双腿合在一起，与臀部呈 90° 。伸展左腿，收右膝，双手抱住右膝，交替换边。收紧腹肌以支撑核心肌群。

140

侧 踢

静态侧踢，即把腿从中线踢出，然后身体其他部位不动，把腿收回，有助于锻炼侧身稳定，加强核心肌群和增强平衡。

正确姿势

腿向外踢出时，务必保持动作腿对应臀部向下。尽量不要抬起臀部。

注意

不要让手臂摆动或者摇晃，手臂在身体侧面保持伸直。

- 站直，核心肌群参与，脊柱挺直。
- 手臂向两侧伸展，腿分开与肩部同宽。
- 在一个动作中，向外摆右腿，张开双臂，以保持平衡。屈伸右足。
- 靠腿的自重回收至起始位置，然后换边。

141 抬膝转体

站直，双臂伸向两侧。核心肌群和腿背部肌肉配合，将左膝收向胸部。将上半身以左膝为轴扭转，交替抬起右膝。膝部可以从一边到另一边轻轻地摆动。

142 抬膝横向伸展

侧踢的这种变化挑战你的平衡，可增强肩部、肱三头肌、前臂，以及侧踢中的腿部肌肉。

- 采取窄幅站立姿态。
- 从站立开始，手拿哑铃，双臂向两侧张开。
- 抬右膝靠近胸部，然后向侧面伸展。注意让手臂在身体两侧打开，保持住。两腿交换，重复动作。

143 原地跑步

首先，肱二头肌要很有活力，肘部在躯干两侧屈曲。收紧核心肌群，并压紧腿背部肌肉。抬起右小腿，然后左小腿，原地慢跑。跑步时试着用足后跟踢臀部。

144 后踏足

首先，将手臂自然放在躯干两侧收紧核心肌群，并压紧腿后部肌肉。抬起左小腿，然后右小腿。向后慢跑。把重点放在腿的后部，当你移动时，试着用足后跟踢臀部。

145 肘碰膝

站直，把手放在头后部。核心肌群参与，将右膝靠近胸部。上半身以右膝为轴扭转，左肘触到右内膝。两腿交换，重复动作。

146 低旋踢

首先，右腿在后，左腿在前，交叉站立，面向前方。把臀部和足转向右侧。在一个动作中，右腿踢出，用力将臀部推向前面，左足保持平衡。

147 侧踢伸臂

站直，核心肌群参与，脊柱自然伸直。把右臂伸向天空。在一个动作中，将右腿向侧面摆动，并让右臂碰到它。背屈右足。把腿放下，站好，换边。

148 拳打足踢

两腿分开与肩部同宽站立。核心肌群与腿配合，将右腿向前朝胸部踢出。左臂斜伸向右足趾。将右足指向空中，感受腿后部的拉伸。交替换边。

149 武术踢腿

武术中的踢腿动作已经有数百年历史。这些踢腿动作从腿和核心的平衡与力量开始。踢腿动作应该在重复的一步猛扑中完成。

- 膝部微屈，前倾站立，双手抬起，在胸前握成拳头。
- 将右膝靠近身体，核心肌群和腿部肌肉紧密配合。
- 迅速踢出右腿，将臀部转向侧面，并屈足。交替换边，重复动作。

150 回旋踢

右腿在后，左腿在前交叉站立，面向前方。在一个动作中，将臀部用力推向左侧，右腿向侧前方踢出，将腿抬到很高的位置。重复，换左腿。

151 瑞士球侧踢

站直，核心肌群参与，脊柱自然挺直。双手持瑞士球，双臂向上伸展。将右腿向侧面踢开，碰触瑞士球。背屈右足。把腿放下，站好，换边。

152 膝部支撑侧踢

双膝跪下，身体重量放在双膝上。把左手放在头后，右手放下作支撑。把身体重量转移到右边。左腿从臀部向外自然伸直。向前摆动左腿，然后向后摆动。交替换边并重复动作。

153 侧踢 1

当经历侧踢变化时，你会发现它们变得越来越具有挑战性，要求你提高核心肌群稳定性并增进腹部力量。侧踢的关键是让身体保持在一条直线上，因为要允许髋部分离，并可自由地、可控地移动腿。

- 右侧卧，双足比臀部直线稍微向前。将腿平稳地互相叠在一起。
- 将右臂放在头下伸直，左手放在胸前的地板上保持平衡。
- 抬起左腿，离右腿约 30 cm，并将腿向前踢至与臀部同高。
- 将腿向后踢，继续这种前后移动。换边重复。

普拉提力量

侧踢已经和运动大师约瑟夫·普拉提联系在一起。普拉提创造了一个基于保持脊柱健康的运动和锻炼系统。最终，普拉提技术中的每一个动作都致力于稳定和加强整个身体的核心肌群。

154 自行车侧踢

自行车踢腿，它的名字来自运动腿的动作。当侧卧时，将膝部向前、向下、周围和向后移动，就像你骑着自行车一样。这种自行车运动是在侧踢中发现的更具挑战性的练习之一。

- 左侧卧，双足从臀部直线稍微向前。将腿平稳地互相叠在一起。
- 左臂支撑在头下，右手放在胸前的地板上保持平衡。
- 抬起右腿，向前移动，然后腿屈成直角。
- 把屈腿推向身体后侧，在后侧腿自然伸直。换边，动作重复。

保持静止

当进行侧踢时，身体与地板平齐的一侧应该保持静止，并且一直保持不动。动作腿是孤立的，并靠其自身移动，由核心肌群的上拉和内拉支撑。

155 侧踢 2

右侧卧，双足从臀部直线稍微向前。将腿平稳地互相叠在一起。双手放在头后，右肘支撑以保持平衡。向前摆动左腿，然后向后摆动。换边并重复。

156

跳 跃

跳跃是一种运动，我们似乎在孩提时代就一直在做，随着年龄的增长，做的越来越少。这可能是因为跳跃需要核心的轻盈。它需要能量以及从体内召唤爆发力的能力。你需要有一个健康、强壮、柔软的脊柱和全身灵活的肌肉来支持跳跃运动。所以，让我们开始通过接下来的几个练习，锻炼跳跃能力吧！

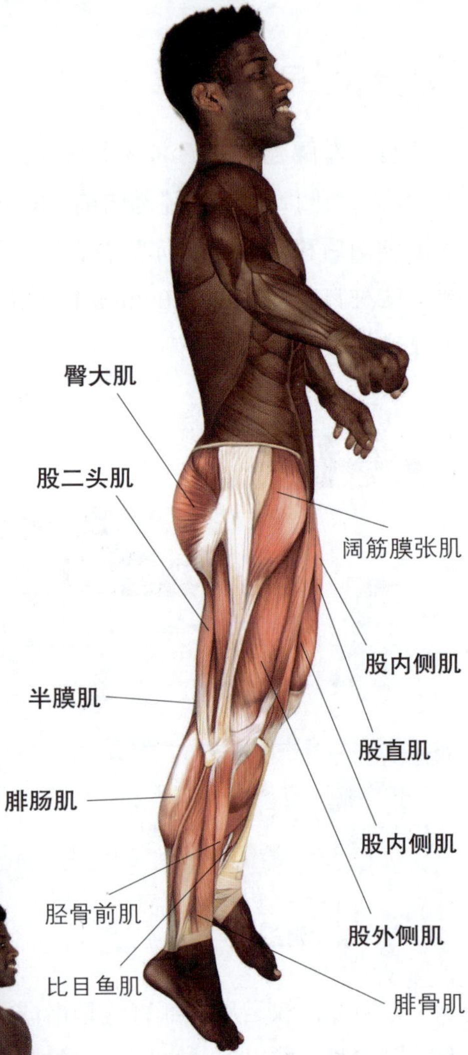

- 开始先站直，能量向下迅速用到足上，向上从头部迅速发出。
- 腿和肩部同宽，手臂自然垂在身体两侧。
- 核心肌群参与，深度屈膝。
- 用力向上拉腹部，用腿蹬离地板，然后弹起来向空中飞去。
- 双膝屈曲落地。

注释
粗体字表示目标肌肉
黑体字表示其他工作肌肉

热身和冷身
要安全地进行跳跃，一定要先做好伸展和热身。拉伸股后肌群、小腿、背部和足踝非常重要。在尝试大跳跃之前，你的肌肉应该是温暖的。先热身，结束时身体也要冷下来。

正确姿势
当你跳跃时，一定要保持膝部柔软有弹性。起跳和落地需要做好屈膝动作。

注意
不要仅用腿或臂来推动跳跃。所有跳跃的动力应该从核心和腹部开始。

157 星星跳

蹲成标准蹲姿。腹部配合，收紧小腿肌和股四头肌。将手臂向上和向外抛，张开腿，跳跃到空中，迅速展开形成腾空跳跃状态。

158 开合跳跃

开合跳是一项永恒的运动，如果做得正确，将会大有益处。为了完成一个完美的开合跳，必须有强壮的核心肌群和腿，爆炸式腹部力量，健康的脊柱，良好的协调性，以及全身柔软的肌肉。开合跳分两个动作完成：①跳开；②一起跳。

- 先双足并拢站立，双手放在身体两侧。
- 将手臂向上摆动到耳边，腿向两边弹开。
- 把手臂一起挥向头顶上方，双足分开落地。
- 双足一起跳回，放下手臂。

159 拍手开合跳

双足并拢站立，双手放在身体两侧。将手臂向上摆动到耳边，将腿向两边张开。把手臂挥向头顶上方拍手，双足分开落地。双足一起跳回，放下手臂。

160 剪式开合跳

剪式开合跳结合了良好的、旋转的、左右伸展的手臂和靠近腿的下腰部，然后，在最后一步，直接跳到空中，两腿收紧。这种平衡良好的变化包含了身体的所有肌肉。

- 首先双足分开与肩部同宽，站好。把臂向上向外挥到躯干两边。
- 将右手伸向左足足趾，随着下腰的旋转，从臀部向前屈身。
- 然后，摆动左手至右足足趾。
- 站起直立，跳高，把足和腿抬高到身体中部。

跳跃技巧

跳跃可增强足踝和足。专业舞蹈演员、跑步者和运动员都使用跳跃来强烈地提高足踝和腿部的力量。

161 跨跃

首先双足并拢站立，双手放在躯干两侧。深弯腰，把手臂向上弯曲到胸部。爆发式双臂向两边挥出，双腿向两边张开。在空中时用手抓住足趾。

162 **鹿跳**

首先双足并拢站立，双手放在躯干两侧。深弯腰，把手臂向上弯曲到胸部。爆发性地将手臂向两侧摆动，将两腿分开，左腿前屈、右腿后屈。把手伸到头顶上方。右腿向前重复。

163 **提膝跳**

首先双足并拢站立，双手放在躯干两侧。双臂摆向背后，深弯腰。爆发性地手臂前摆，抬腿向胸，屈膝向上。

164 **欢呼跳跃**

首先双足并拢站立，双手放在躯干两侧。抬臂屈向胸部，深弯腰。快速双臂向外摆动，臀部向右扭向胸部前方。抬膝，屈膝。换相反方向重复上述动作。

165 **距离跳跃**

首先双足并拢站立，双手放在躯干两侧。深弯腰，抬双臂屈向胸部。快速双腿互相跳开，就像正在跨栏。手臂伸出帮助跳跃。交替双腿继续。

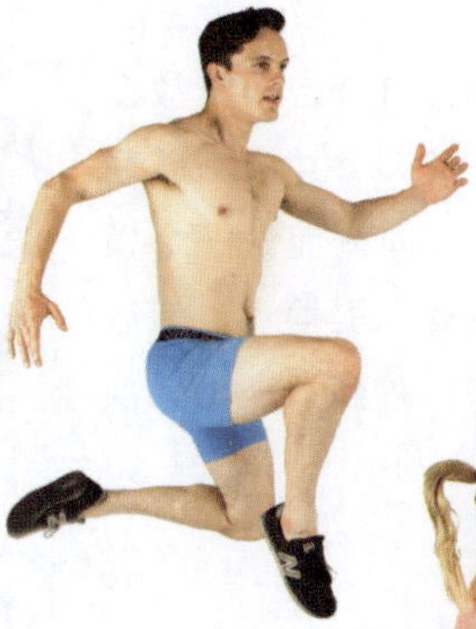

166 **运动场阶梯跳**

在进行这种跳跃时，要非常小心，不要跳错足步。来到像运动场或楼梯间一样的场地。先做深屈膝，用手臂助跳，逐次往上跳一台阶。

167 进深跳跃

首先站在箱子顶部。蹲下，快速地向高空跳起，屈膝降落在箱子前面的地板上。一旦落地，把腿伸直，再次弯曲，跳回到箱子上。根据需要运用手臂。

168 上下跳

首先双足在臀部下方分开站立。向左摆动手臂，抬起左膝，然后向右摆动，抬起右膝。然后，在一个动作中，蹲下，双手落地，快速呈一水平板状。迅速回蹲到原来位置。最后，把手臂向上举向空中，用力站直。

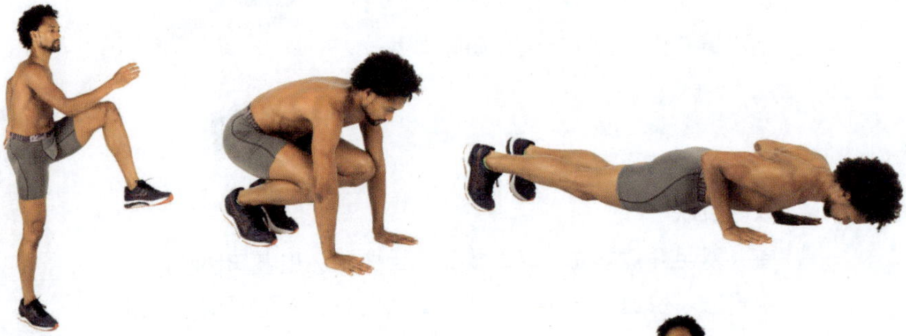

169 横向弹跳

首先双足稍微分开，双臂放在两侧。在一个动作中，双腿屈曲，跳起来，向侧面做一个横向弓步。双臂向上摆动，然后迅速跳起来，跳到另一边。换边继续。

170 横向兔子跳（齐步跳）

手放在臀部，双腿并拢，把大腿内侧紧紧地收向身体的中心。使腹部收紧，向空中跳跃并跳向左侧。再快速跳到右侧，交替跳跃。

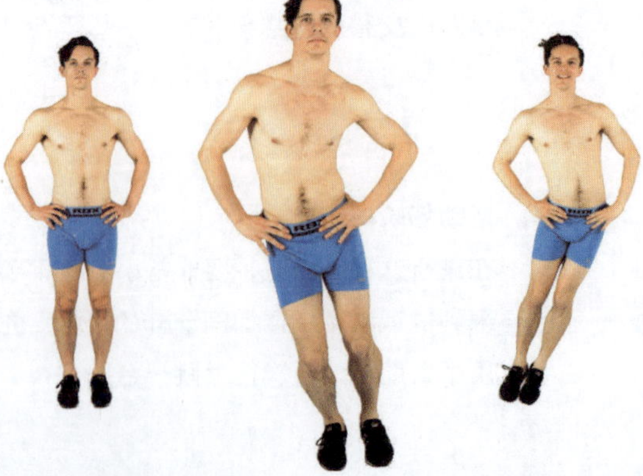

171 左右跳

首先双足并拢站立，双臂放在身体两侧。地板上放一体操棒。挥动手臂，向左跨一步，跨过体操棒。脊柱伸直，背部与屈曲的膝部呈一角度。再次挥动手臂，迅速向右跳。交替换边继续。

172 锥形筒跳跃

在这一运动中你会发现另一种包含了增强式动作的锻炼。增强式指的是“跳跃训练”的概念。利用身体自身的重量和灵活性，你可以在整个运动过程中专注于提高速度和力量。

增加一些重量

尝试给足踝部增加一些重量，融入你的跳跃动作中。这是一种既增强有氧运动又增强腿部力量的好方法。你可以每天在散步或慢跑时使用这些重量，可以增加心血管活力和血液的流动。

- 首先站立位，双足并拢。
- 将腿分开至与肩同宽，双腿快速轻微弯曲。
- 向空中快速跳起，抬起双腿向右越过圆锥筒，从开始起跳的地方移动大约 30 cm。
- 来回移动时，用手臂来辅助你的跳跃！

173 回旋跳

首先脊柱挺直站立，双足分开与肩同宽。屈膝成标准蹲姿。右臂外伸至右足外侧，将左手放在右肩，换边，最后以一个深屈腿跳跃结束。

174 左右障碍物弹跳

首先直立站立。将双腿分开与肩同宽，双腿快速轻微屈曲。向空中弹跳，一条腿向一侧跳起，然后另一条腿再跳起，跳向同一侧，从起跳位置移动大约 30 cm 。用手臂来帮助弹跳。

175 箱子跳跃

首先在箱子后面站直。双腿屈曲，采取标准蹲姿，快速向空中高高跃起，双膝屈曲落在箱子顶部。双腿伸直，再次屈曲，然后跳回原地。根据需要使用手臂。

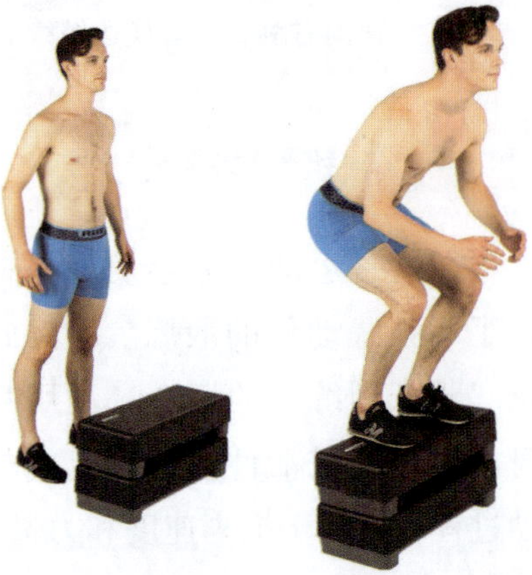

176 带球箱子跳跃

首先站在箱子后面，手拿一个负重球在面前。双腿屈曲，采取标准蹲姿，快速向空中高高跃起，双膝屈曲落在箱子顶部。双腿伸直，再次屈曲，然后跳回原地。

177 跨箱跳跃

首先双足跨箱站立。双腿屈曲，采取标准蹲姿，快速向空中高高跃起，双膝屈曲落在箱子顶部。双腿伸直，再次屈曲，然后跳回原地。根据需要使用手臂。

178 跑酷撑物跳

首先双足并拢站立，手臂放在身体两侧。深弯腰，手臂抬起靠近胸部。爆发性地快速摆动手臂，将身体带过支撑物。抬腿贴近胸部，侧身跨过支撑物。

179 跳跃交叉

完成跳跃交叉动作需要高度集中精力，并且要专注于保持一个结实的核心肌群，同时需要单独的、快速的、动态的腿部和上臂动作。练习该动作将使你拥有强健的腹肌、发达的背部和核心肌肉、光滑匀称的手臂。

- 首先站直。屈曲膝部，然后形成深度中低蹲姿。
- 迅速跳高，将手臂贴近胸部，手肘贴紧两侧。
- 使背部中间落在蹲位上，然后向左猛地扭转身体，伸出右臂打出一拳。
- 交替换边，重复。

180 平衡球足尖轻扣

平衡球凸面向上，站在平衡球旁边的一点。稍微屈膝，让自己行走的步伐中带着弹性，一直绕着平衡球圆周行进，一边走一边用足在平衡球的顶部轻扣。

181 平衡球滑冰跳

滑冰者在冰上花费大量时间，每只足蹬出，推动身体前进。在这种运动中，你可以学会如何推动平衡球，利用平衡球作为不稳定的基础帮助稳定膝部、足踝和核心肌群。

- 平行站在平衡球旁边，双手放入胸部。
- 弯腰深蹲，左腿向上跳到平衡球的顶部。
- 稳住，然后把身体重量转移到右腿上，再把左腿向上伸展到空中。换边并重复。

182 平衡球箱跳

首先在平衡球后面站直，平衡球放在箱子上。双腿屈曲形成标准蹲姿，快速向空中高高跳起，双膝屈曲落在平衡球的顶部。双腿伸直，再次屈曲，然后跳回。根据需要使用手臂。

183 平衡球跳跃

首先在平衡球后面站直。双腿屈曲形成标准蹲姿，快速向空中高高跳起，双膝屈曲落在平衡球的顶部。双腿伸直，再次屈曲，然后跳回。根据需要使用手臂。

184 跨骑平衡球

开始时呈站立位，双足跨过平衡球。双腿屈曲呈标准蹲姿，快速向空中高高跳起，双膝屈曲落在平衡球的顶部。双腿伸直，再次屈曲，然后跳回原位。根据需要使用手臂。

185 跳绳

跳绳是让你身体心血管活动激增的最好方法之一，同时增强了长时间持续高水平释放爆发力的能力。跳绳运动也可以极大地锻炼核心肌群的协调性和平衡性。

- 首先双手牢牢抓住跳绳，自然地在放在身体后面地板上。
- 将绳子从头顶上方摆动到身体的前方，核心肌群和腿相互配合，绳子从足底穿过向后摆动时，轻轻双足跳起。
- 继续向前摆动绳子，绳子每次到达足底时，都跳过它。

跳绳有氧运动

研究表明，即使只以非常慢的速度跳跃或“跳过”绳子，每分钟也可燃烧高达10~16卡路里（40~64 kJ）热量。如果能持续跳绳30分钟，则可燃烧高达480卡路里（1 920 kJ）热量！

186

波比运动

注释
粗体字表示目标肌肉
黑体字表示其他工作肌肉
* 表示深层肌肉

据说波比运动是世界上最棒的运动之一！它不是一个容易完成的动作，但是如果能对它精通，效果是惊人的。正确进行波比运动可以在许多方面让你获益：有氧耐力、动态爆发力、核心力量和心血管健康。

正确姿势
在整个波比运动中，腹部和核心肌群必须密切配合。这是顺利完成动作的唯一方法！

注意
在支撑运动时，不要让下背下沉。保持下背稳定在一条直线上。

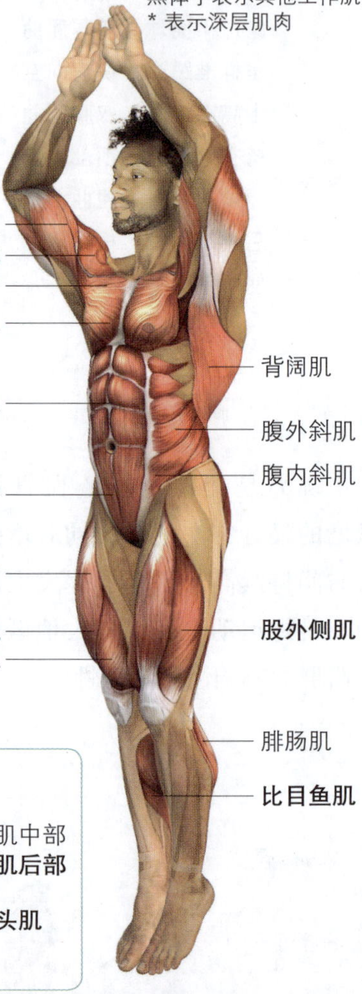

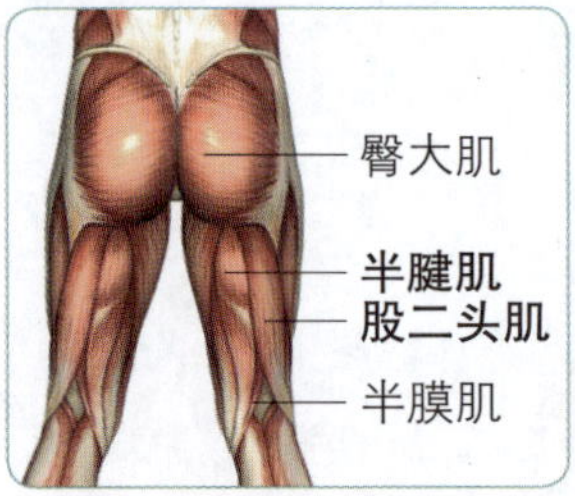

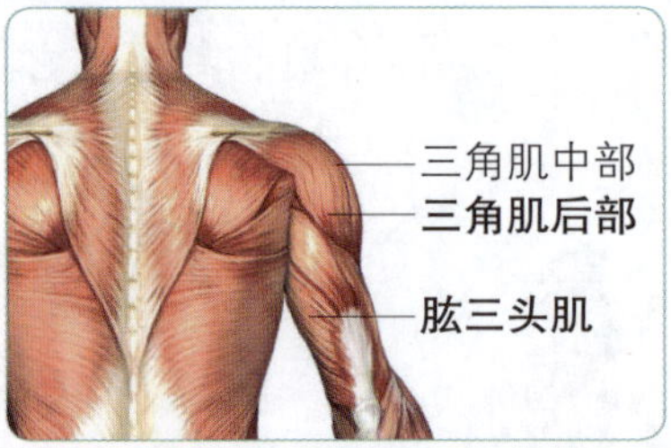

- 双足在臀部下方分开，将手臂举向天空。
- 在同一个动作中（连贯动作），把手放在地板上进行蹲伏。
- 迅速伸展做支撑。然后迅速回到蹲伏姿势。
- 最后，把手臂挥向空中，用力跳跃。

187 实心球波比运动

实心球的投掷和摆动是增强动态力量，旋转灵活性、平衡性以及神经系统交叉循环的一个很好的方法。在这种波比变化运动中，加入一个实心球，可使你在爆发性跳跃的顶端伸展得更多。

- 将实心球牢牢地握在手中。
- 蹲下，把球放在你面前的地板上。
- 让腹肌参与，腿往后跳，呈平板支撑姿势，球和足保持平衡。
- 腿跳回呈蹲姿，手臂向上挥向空中，然后跳跃。

188 平衡球波比跳

双足在臀部下方分开，举起手臂。连贯动作（在同一个动作中），蹲伏，双手分别握住平衡球的两侧。快速伸展呈支撑姿势。迅速回到蹲伏位置，举起平衡球。最后，跃上空中，将平衡球举过头顶。

189 单边波比

双足在臀部下方分开，将手臂举向天空。在同一个动作中，蹲伏，把手放在地板上。快速伸展呈侧板支撑姿势，侧身自然伸展。然后迅速回到蹲伏姿势。最后，手臂向上挥向空中，用力跳跃。另一边重复。

190 俯卧划波比

手撑在两个壶铃上保持平衡，形成最佳俯卧撑位置。拉抬起右手，然后拉抬左手，使壶铃与身体的侧面呈一直线。把腿回收呈蹲位，松开壶铃，跳跃。

191 单腿波比

正确完成波比运动可以在许多方面让你获益：有氧耐力、动态爆发力、核心力量和心血管健康。在这种波比变化运动中，试着集中精力仅用双臂和一只足保持身体平衡。

- 双足在臀部下方分开，抬起左腿，双臂上举。在同一动作中，蹲伏，双手放在地板上。
- 快速伸展呈单腿俯卧撑姿势。
- 然后迅速回到蹲伏姿势。最后，向空中上举手臂，用力跳跃。换腿进行动作。

192 抱膝跳波比

双足在臀部下方分开，双臂举向空中。在同一动作中，蹲伏，双手放在地板上。快速伸展呈俯卧撑姿势。然后迅速回到蹲伏姿势。最后，向空中上举手臂，抱膝贴近胸部，跳跃。

193 单臂波比

双足在臀部下方分开，双臂上举。在同一动作中，蹲伏，右手放在地板上。快速伸展呈俯卧撑姿势，用一只手臂保持平衡。 然后迅速回到蹲伏姿势。最后，向空中上举手臂，用力跳跃。

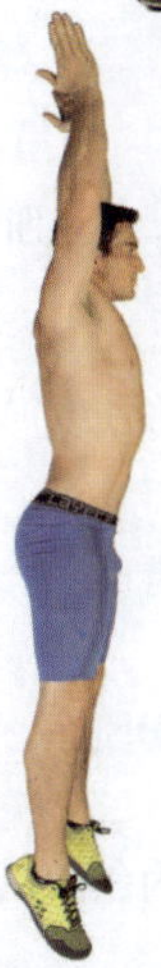

194 俯卧撑拍手波比

双足在臀部下方分开，双臂上举。在同一动作中，蹲伏，右手放在地板上。快速伸展呈支撑姿势，并做俯卧撑。 然后迅速回到蹲伏姿势。最后，用力向空中跳跃，在头顶上方拍手。

195 引体向上波比

实践证明，引体向上可以锻炼上半身所有主要肌肉，包括胸部、背部、肩部和双臂。这一运动特别具有挑战性，是因为在进行这一动作时，你必须仅用手臂拉起身体的整个重量。引体向上和波比运动结合，将是令人兴奋的挑战！

保持姿势

在进行波比运动时，保持腹部向上拉并向脊柱收紧是非常重要的。下背部任何形式的弓形或过度伸展都会导致扭伤和背痛。

- 双足在臀部下方分开，双臂上举向空中。在同一动作中，蹲伏，双手放在地板上。
- 快速伸展呈支撑姿势，并做俯卧撑。
- 然后迅速回到蹲伏姿势。
- 站直，抓住引体向上杆，做引体向上。
- 重复。

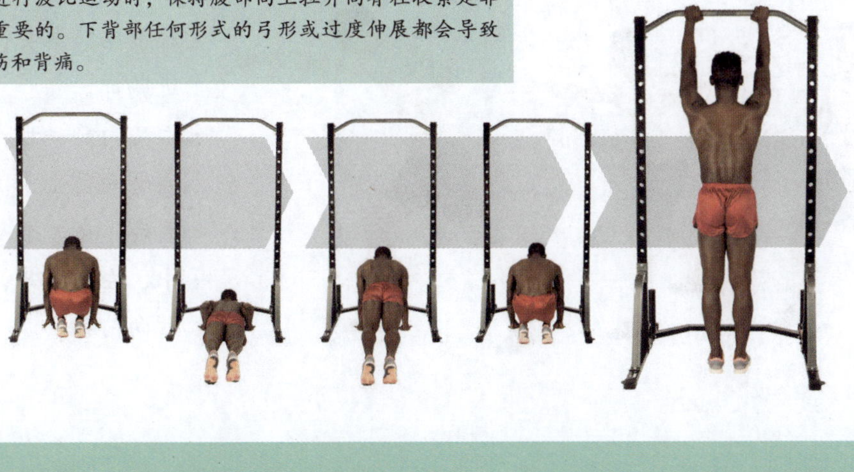

196

重拳击

注释
粗体字表示目标肌肉
黑体字表示其他工作肌肉

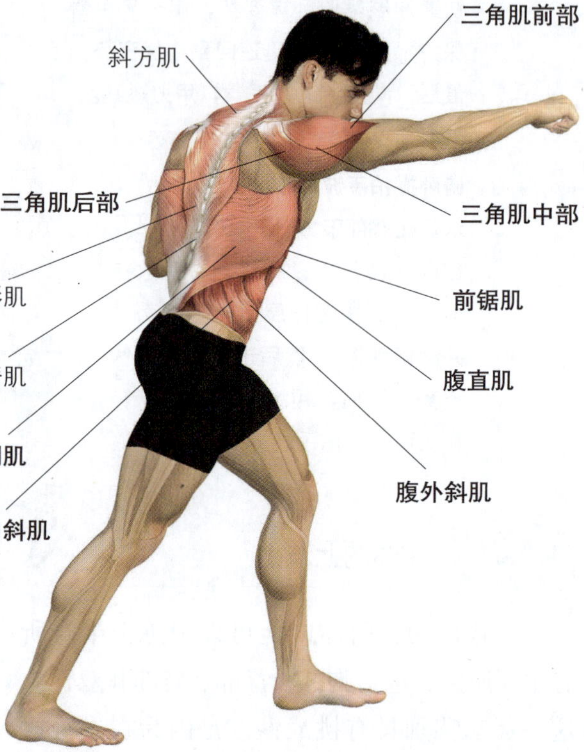

重拳击是一种直接从核心肌群发力的运动。通过将臀部位置转换和下半身角度转移，用加速度和力量把上肢向空间挥出。手臂进行挥拳猛击或重击打，将极大锻炼核心肌群，包括骨盆深处肌肉，甚至腿部肌肉。

正确姿势

确保当用手臂重拳击或其他形式击打时，保持从肘部到手腕呈一条直线。

注意

不要打击手腕，关节向前或向后弯曲幅度不要太大。

- 站立时双腿交错，左足在右足的前面。
- 双手攥紧拳头，贴近胸部。
- 右足向前一步，将左臂向前击出。
- 然后，在一个动作中，左足向前，右臂向前猛击。

197 交叉猛击

在这种运动变化中，交叉刺拳主要是手臂的猛刺，腿和臀部不参与。这种交替猛刺中使用哑铃可以增加肱二头肌和肱三头肌运动量。通过腹部参与和臀部稳定保持核心和上肢的强健。

- 首先，手持哑铃站直。
- 屈曲膝部，形成深中蹲姿。
- 将哑铃贴近胸部，将肘部压紧身体两侧。
- 迅速向左扭转身体，将右臂向外挥出一拳。交替，两边重复。

198 上勾拳

双腿交错弯曲站立。把左足放在右足的前面。双手握拳贴近胸部。用左臀部向前移动，右臂向上击打呈上勾拳。交替手臂和足的姿势。

199 拍手 8 字

双腿打开，足趾朝外，收紧核心肌群，膝部屈曲。张开双臂，侧腹肌参与，双手环绕左大腿，在腿下拍掌。站起来，换边重复。

200

仰卧起坐

正确姿势

当进行仰卧起坐时，弯曲脊柱的每一部分，确保腹部的每一部分得到锻炼。

注意

不要用手拖拉颈部使身体离开地板，所有的动作应从核心肌群发力。

仰卧起坐是一个经典动作，你肯定能在几乎所有的例行锻炼中找到它。运动员和健身爱好者都利用仰卧起坐来稳定和加强上半身。仰卧起坐是一种能锻炼核心肌群每一寸肌肉的运动，这些肌肉包括从多层腹肌到背部的肌肉。稳定支撑脊柱的肌群会更好地改善我们身体的整体活动，包括上半身和下半身。

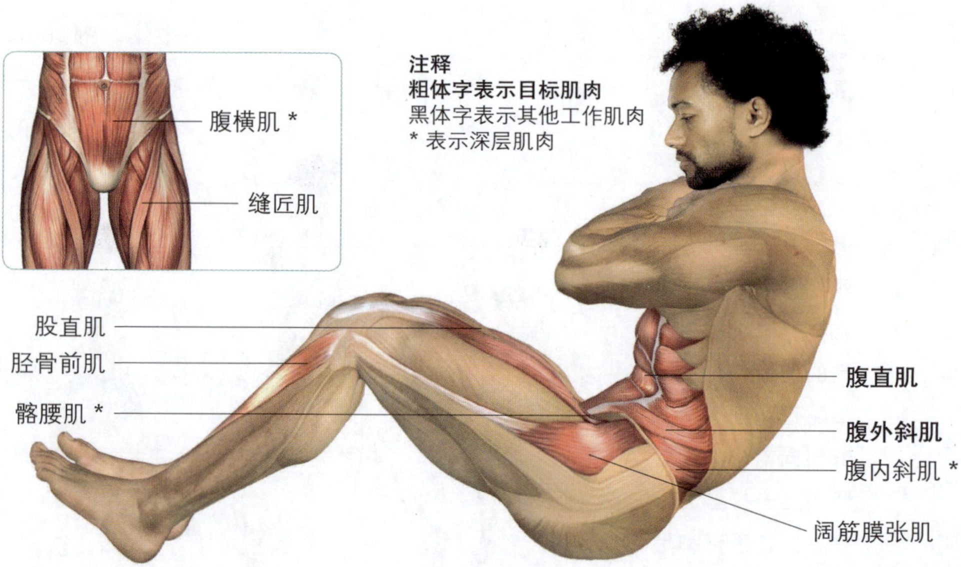

注释
粗体字表示目标肌肉
黑体字表示其他工作肌肉
* 表示深层肌肉

- 仰卧，双足沿着地板前收至离臀部约60 cm处。
- 双手从胸前交叉放在肩上。
- 绷紧腹肌，下颌贴近胸部，使躯干卷起，直到它离开地板并与地板呈直角。

201 交替仰卧起坐

如果你想在做仰卧起坐时更深入地挑战核心，可以同时增加背部和腿部的伸展，尝试旋转变化。这种仰卧起坐要求斜肌和臀部有相当大的灵活性。

- 对于这种仰卧起坐的变化，首先仰卧，双手放在头后，双腿弯曲，稍微分开。
- 核心肌群参与，坐起来。吸气并向右扭转身体，依靠稳定的腿为基础旋转。
- 另一侧交替并重复。

202 土耳其仰卧起坐

笔直地躺在地板上，把右足放在地板上，屈右膝。右臂与胸部对齐向上伸展，左臂沿着地板自然伸展。保持右臂向上，慢慢地卷曲做仰卧起坐（# 200），将左足放在地上，然后站立。重复。

203 伸手够仰卧，直腿两头起

将泡沫轴平行于脊柱平放在地面上。躺在泡沫轴上并且完全接触，支撑颈部和脊柱，并保持平衡。保持腿屈曲并稍微张开，伸直手臂至头部上方，然后慢慢地卷曲身体在泡沫轴上做仰卧起坐。

204 重力球仰卧起坐

双腿屈曲，仰卧平躺。首先，手持重力球放在胸前中央。向内收紧腹肌，让躯干一直向上做仰卧起坐（#200）。将身体向后卷曲躺平，然后重复。

205 平衡球仰卧起坐

平衡球平的一面朝下，坐在平衡球的边缘。把手放在头后，进行标准仰卧起坐（# 200）。平衡球提供一个额外的平衡元素，可以支撑下背部。

206

基础卷腹

正确姿势

保持下背部自然放在地板上，尽量不要把脊柱弓离地面。

注意

避免把颈卷曲贴近胸部。即使你不能把身体抬离地面很远，也要保持颈处于自然状态。

你可以在许多其他仰卧起坐式训练中发现基础卷腹。卷腹动作本质上是整个仰卧起坐的开始部分。随着紧缩，不让整个躯干向上弯曲。相反，将腹肌向下背部收紧，保持身体后面自然而牢固地靠在地板上。这种腹壁的缩短动作强烈地增强了构成核心肌群的多层肌肉。

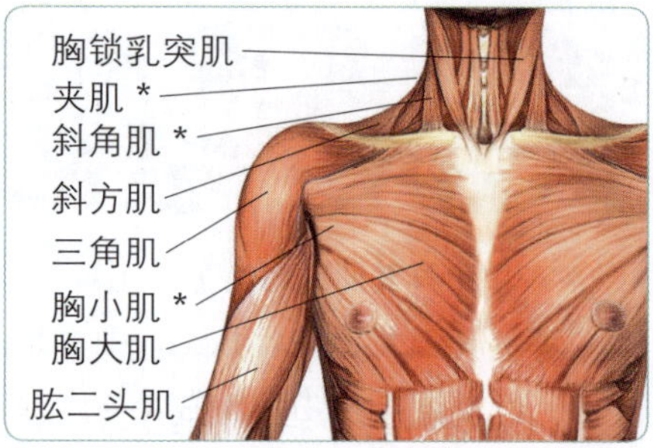

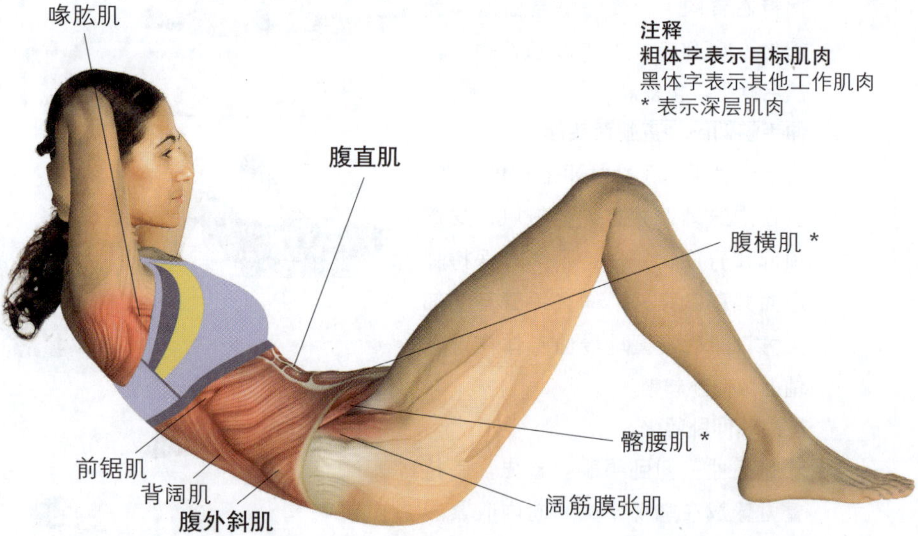

注释

粗体字表示目标肌肉

黑体字表示其他工作肌肉

* 表示深层肌肉

- 仰卧，双足沿着地板内收，离臀部约 60 cm。
- 双手叠放在头后部下方。
- 配合腹肌，使下颌贴近胸部，身体卷曲，直到上背部刚离开地板。

207 交叉卷腹

双腿并拢，屈腿，与臀部呈 90° 。形成卷腹姿势，并坚持住。将右腿向外伸展 45° ，将上半身扭向抬起的左腿。交替换边并重复。

208 椅子辅助卷腹

坐在一把结实的椅子上，双手牢牢握住椅子的两边。把臀部挪到椅子前部。下腹部和核心肌群密切配合，抬膝向上贴近胸部。保持片刻，放低双腿。重复。

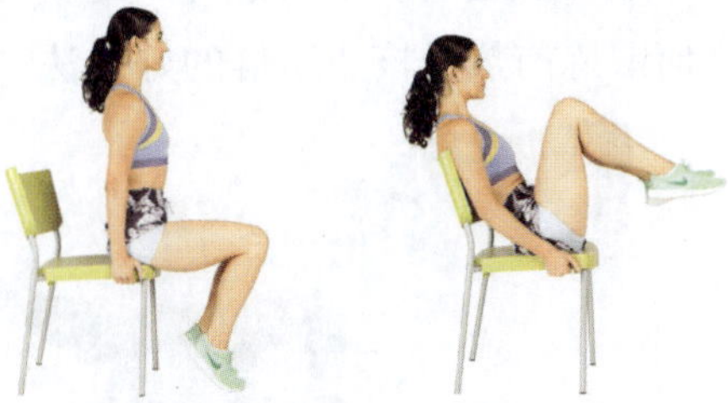

209 站立膝部卷腹

卷曲训练的一些动作是保持协调灵活性和锻炼横断面肌肉（从身体后部延伸到前部的肌肉）很好的方法。当把这种站立卷腹变化运动融入训练中时，腹部和上背部肌肉会变得更加稳定。

- 双足与肩部同宽站立，双手放在颈根部。
- 快速地抬起右膝贴紧胸部，并将躯干向右弯曲。另一边重复。
- 这一动作对于整体的协调性和控制性来说非常好！

210 瑞士球卷腹

进行瑞士球卷腹的动作是加强整体核心肌群，特别是加强腹壁斜肌的一个很好的方法。 在卷腹训练中你可以慢慢地提高稳定性，或者加快速度来增加一点有氧运动。不管怎样，这都是在任何锻炼前热身核心肌群的好方法。

- 用瑞士球支撑上背部躺下。双足沿着瑞士球向下与臀部同宽分开。
- 把手放在头后，把足后跟推到地板上。
- 腿的背部配合，收紧腹肌，做卷腹动作。

211 泡沫轴斜线卷曲

头和脊柱支撑在泡沫轴上躺下。腿自然放松，腹肌内收，呈仰卧起坐姿势（# 200）。左臂向上举过头顶，同时抬起右腿，左臂斜线交叉碰触右足。交换边并重复。

212 平衡球卷腹

在这种卷腹运动变化中需要平衡球一起做动作。在进行这种动作时，下背部和核心肌群要稳定在一个不稳定而且柔软的表面。平衡球平的一面放在地板上，平躺在平衡球上。双手放在头后，压入平衡球，抬高躯干做卷腹动作。

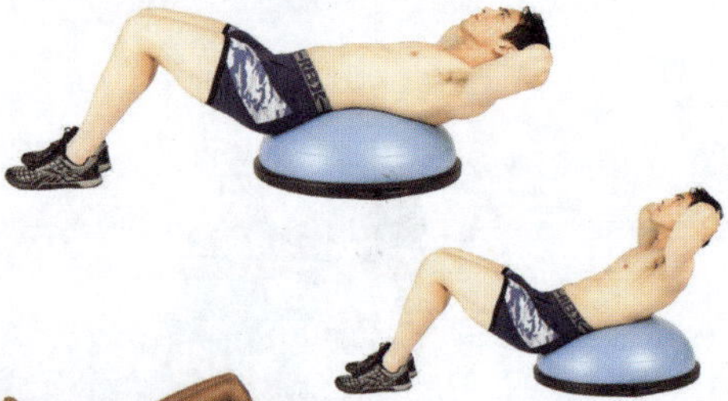

213 平衡球自行车卷腹

后背躺在平衡球上。屈腿，并拢与臀部呈 90°。身体向上呈卷腹姿势，并保持住。伸出右腿，将上半身扭向抬起的左腿，将左膝贴近胸部。交替换边并重复。

214 交替卷腹

对于这种仰卧起坐的变化动作，首先双手放在头后，仰卧位，双腿屈曲，稍微分开。核心肌群配合，做卷腹动作。吸气并向右扭转身体，依靠稳定腿的底部旋转。交替换边并重复。

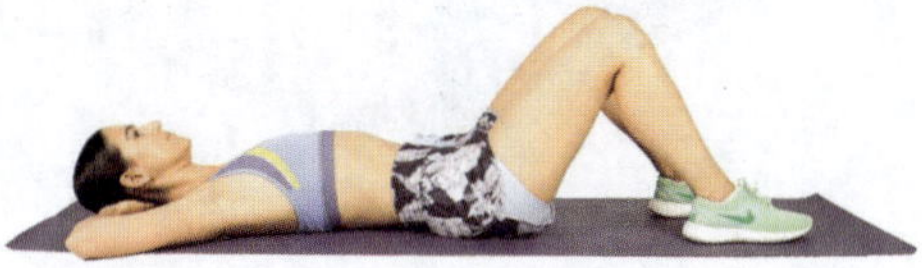

215 单边抬腿卷腹

首先身体右卧位。把左手放在头后，右手放在核心肌上。双足屈曲，膝部弯曲呈90° 。向内收紧腹肌，抬腿，缩紧腹部左侧。放低腿，重复动作，交替换边。

216 平衡球倾斜卷腹

仰卧在平衡球上，双腿屈曲。手肘部向外，双臂放在耳后。当朝膝部相反方向旋转手肘时，抬起头和肩部，同时收缩躯干，放低，并在另一侧重复。

217 自行车斜卷腹

屈腿，并拢，与臀部呈 90°，形成卷腹姿势。伸出右腿，将上半身扭向左腿，将左膝部贴近胸部。保持躯干在这个位置，同时依次伸展和拉动每条腿。在另一边重复。

218 反向卷腹

双腿并拢，胳膊放在躯干两边。配合核心肌群，将腿抬高离开地板呈直角。将手臂压在地板上，双腿向胸部收紧，以进行反向卷腹。

219 实心球举卷腹

身体呈展开姿势，拿一个实心球并用双手握住它。屈足，向天花板抬起足，与臀部呈 90°。保持腿的姿势，收拢下颌，收紧腹肌，沿着胫骨将球举起来，做一个仰卧起坐。

220 对角卷腹

首先用强大的核心力量坐起来。腿张开，比肩部宽。手持一个实心球，将身体微微向右倾斜，向下滚动，平躺在地板上。在一个动作中，将球举过头顶，进行动态仰卧起坐，向左滚动。另一侧交替并重复。

221 L 形坐姿

双腿伸直坐直，双手放在臀部旁边，手掌朝下。用力压地板，把身体向上推，这样臀部和腿就会从地板上抬起来，尽可能长时间保持住。

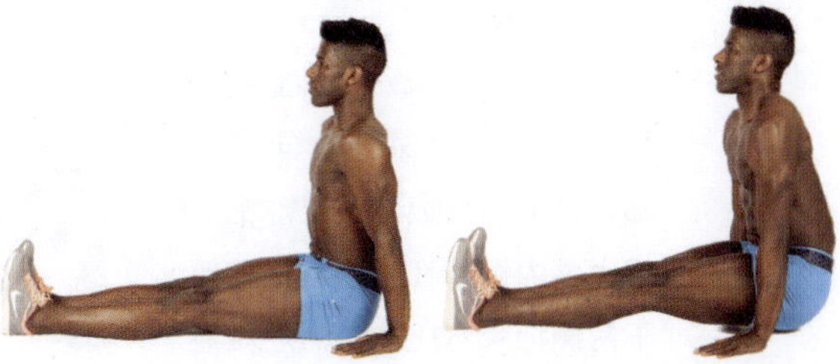

222 蹦床卷腹

屈腿，并拢，与臀部呈 90° ，放在蹦床下。将手放在头后，腹部配合，形成卷腹姿势。在卷腹的高点保持住。

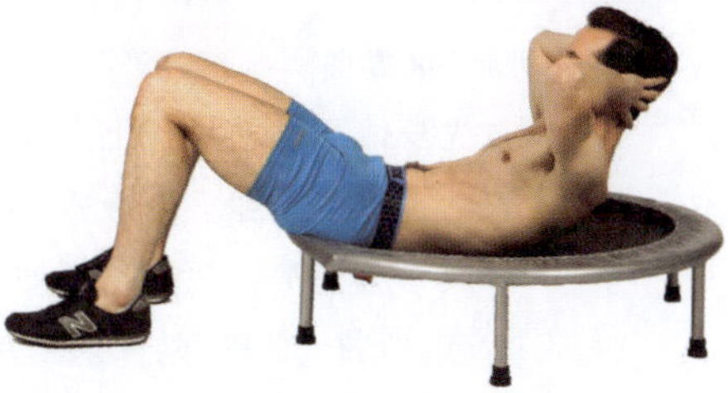

223 蹦床交替对角卷腹

将蹦床融入仰卧起坐训练是增强身体平衡性和稳定性自然感觉的一个很好的方法。蹦床作为一个不稳定的基础，让你有机会真正深化锻炼核心肌群。

- 屈腿，并拢，与臀部呈 90° 。
- 形成卷腹姿势，并保持住。
- 伸出右腿，将上半身扭向抬起的左腿，左膝贴近胸部。交替换边，继续。

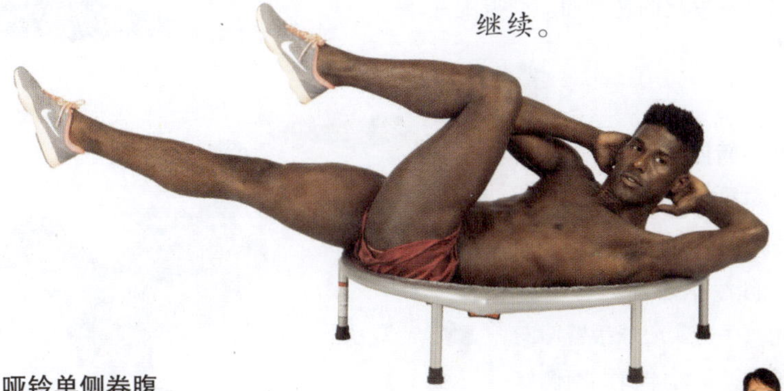

224 哑铃单侧卷腹

两足分开站立。右臂举哑铃挥到空中。快速将右膝拉向肩部，同时将右臂肘部放下来碰触右膝。交替换边。这一动作对整体协调性和平衡性的控制非常有用。

225 瑞士球卷腹

自然仰卧在地板上。腹肌配合，使它们深深地收向下背部，并把小腿放到瑞士球上。把大腿内侧收在一起，沿着躯干两侧把手臂压紧，然后做卷腹动作。

226 McGill 卷曲

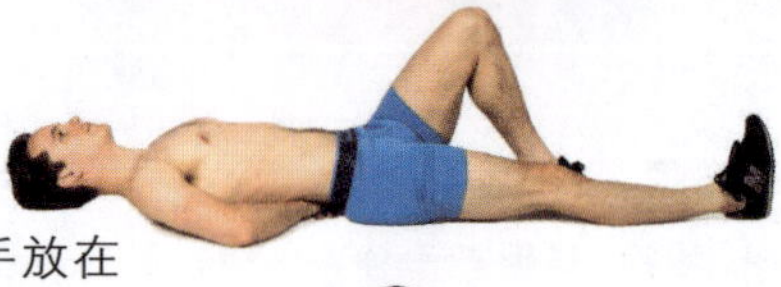

首先身体平卧在地板上。把手放在背后，屈曲左腿。下腹密切配合，形成卷腹姿势。保持颈部处于自然状态，弯曲一侧膝部。交换腿并重复。

227 龟壳卷曲

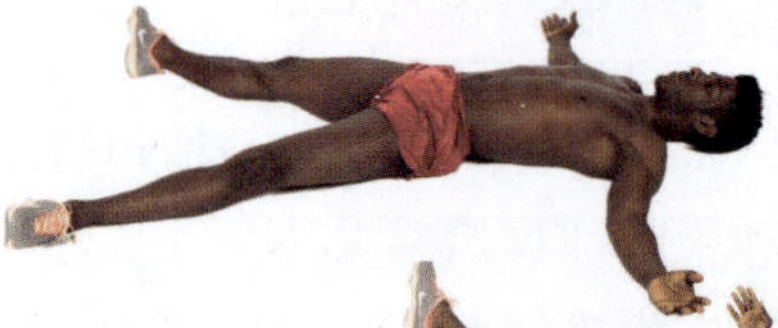

首先背部平躺，双腿自然放直，分开。向内收紧腹肌，右腿与臀部呈直线，伸直抬高，手臂向两侧张开。躯干和肩部离开地板，向上朝抬起的腿卷曲。交换腿并重复。

228 45° 转体

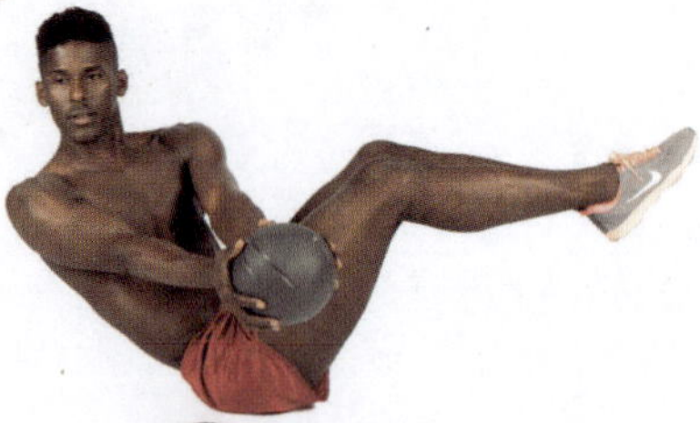

双腿屈曲并拢，悬停在地板上，达到平衡。躯干处于自然状态，从臀部拉起，手持实心球手臂伸向前方，将上半身向两侧旋转。尽可能地旋转，同时保持双腿静止。

229 实心球扭身

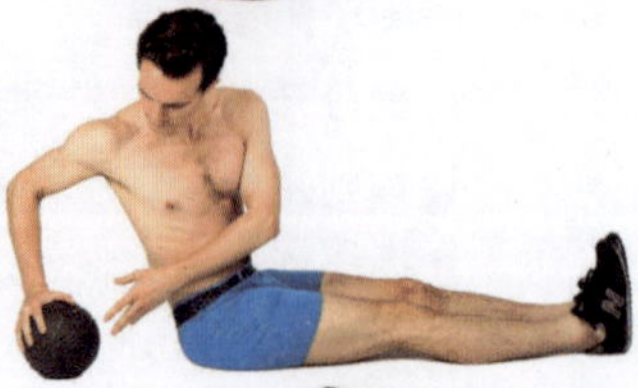

双腿自然伸直坐好，双足分开坐。躯干从臀部向上挺直，手拿实心球。向两边旋转。尽可能扭转，同时保持双腿不动，将球放在地板上。

230 平衡球转体

手臂向前伸出，呈支撑姿势，在平衡球上保持平衡。每次从一边到另一边扭转时，将膝部拉近胸部并转过胸部。挑战核心肌群，将躯干倾斜至某一角度。

231 平衡球后翻

首先坐在平衡球上。为了保持平衡，将尾部放入平衡球中间。双臂持实心球向前伸展。慢慢降低身体背部，直到肩部碰到平衡球，再次坐起来。

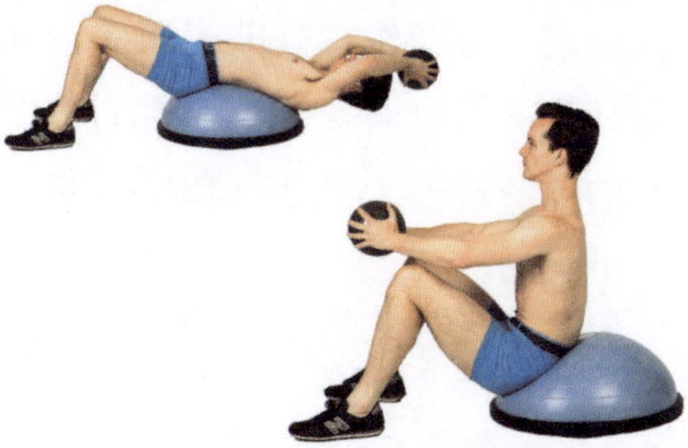

232 泡沫轴左右扭

增强扭转的最具挑战性的方法之一是在泡沫轴上进行运动。保持泡沫轴和脊柱之间的持续接触，在泡沫轴的圆形筒上找到平衡。

- 将泡沫轴平放在地面上，平行于脊柱。
- 躺在泡沫轴上，颈部和脊柱与泡沫轴完全接触，并支撑在上面，保持平衡。
- 保持双腿屈曲并稍微张开，持实心球在胸前伸直手臂。
- 慢慢左右转动手臂。

233 泡沫轴扭转

保持双腿屈曲并稍微张开，在泡沫轴上坐直。双手紧握负重球贴近胸部。核心肌群和腿部密切配合旋转躯干，将负重球从右向左扭转。

234

瑞士球肱三头肌伸展

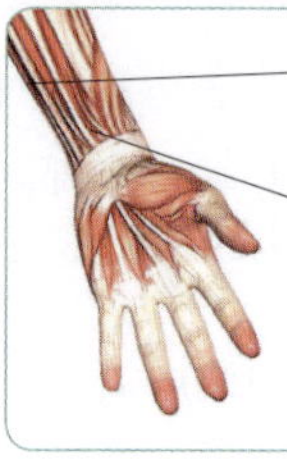

同时结合哑铃、杠铃或任何重物，单独分离手臂动作将有助于明确背部、手臂和胸部的肌肉。头顶上方的小动作也有助于稳定整个上半身和核心肌群的大、小肌肉。

注释
粗体字表示目标肌肉
黑体字表示其他工作肌肉

正确姿势
一定只要肘部单独运动。只能从关节处弯曲和伸直，而不能从肩部弯曲和伸直。

注意
不要让脊柱上部从瑞士球拱起离开。保持上背部肌肉和其重心在球内。

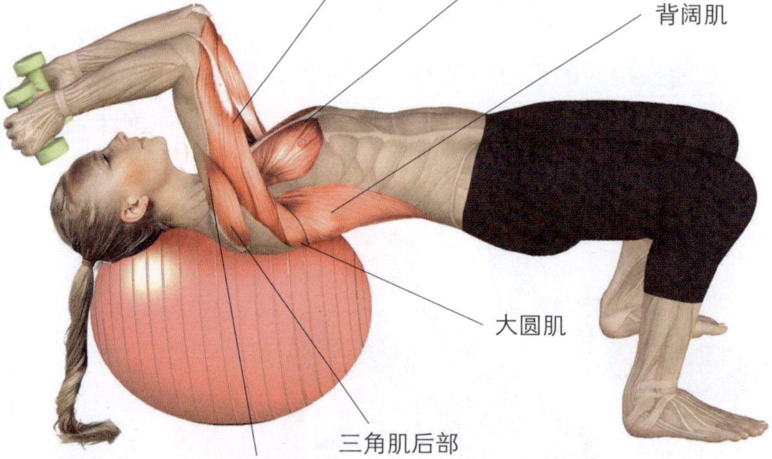

- 核心肌群深度参与躺在瑞士球上，球支撑上背部。
- 足分开到肩部宽度。
- 把手持的哑铃从胸前抬起，抬高到前臂与面部平行。
- 背部参与，慢慢地屈曲手臂，把哑铃举过头顶。

235 瑞士球拉举

躺下，深入调动你的核心肌群，让瑞士球支撑上背部。双足打开与肩部同宽。将手中的哑铃从胸前抬起，使前臂和面部平行。慢慢地将哑铃举过头顶，保持双臂伸直，背部用力。

236 瑞士球单臂训练肱三头肌反冲

肱三头肌是手臂后部从肘部到肩部的一对肌肉。我们背部的肌肉群有时会很难触及。在本练习中，通过利用瑞士球稳定核心，可将重点放在塑造和加强肱三头肌上。

- 将左臂固定到瑞士球上，使其支持躯干的重量。
- 跪下来弯腰向前，球放于前面。
- 右手提起哑铃，置于瑞士球旁边。
- 挤压核心，展开你的右肘，将手臂屈曲呈直角。用肱三头肌伸展右臂于后背，两侧交替进行。

充分调动

重要的是要记住，每当你用手的重量或绳索锻炼上半身肌肉时，要保持较大的肌群被调动且不紧张，同时锻炼这一区域较小的肌群。颈部和肩部肌肉错综复杂，如果你的运动方式不准确，或用力过猛，很容易受到伤害。

237 单臂绳索伸展

开始时站在你的绳索前，抓住绳索手柄。收腹，伸直脊柱，使脊柱向头顶方向伸展，并将绳索手柄向下拉。感觉到阻力时，放松绳索上升。

238 泡沫轴伸展肱三头肌

开始时跪在地上，将泡沫轴放在地板上。双手放在泡沫轴上，双臂伸直。使用腹肌将泡沫轴从臂部滚出来，前臂接触泡沫轴。

239 瑞士球飞鸟

躺在瑞士球上，让球支撑上背部。核心发力支撑腰部，双手各持一个哑铃。张开双臂，保持各肘部轻微屈曲，然后抬起双臂，移至胸前。

240 瑞士球负重反向飞鸟

身体俯卧在瑞士球上，让球位于上部躯体下方。伸直双腿，足尖蹬地，保持瑞士球的稳定。深度挤压收缩腹肌，保持平衡；双手握哑铃，张开双臂，保持打开状态，然后慢慢放下。

241 瑞士球举过头顶哑铃伸展

开始时坐在瑞士球上。调动核心力量支撑上背部和腰部。两手各握一只哑铃，将其举过头顶。分开肘部，将哑铃举向肩部后方。伸直双臂，并重复上面动作。

242 瑞士球平托杠铃弯举

开始，坐在瑞士球上，调动核心，强力支撑背部。手持杠铃，悬挂在膝部前面位置。分开肘部，将杠铃举至胸部。保持肘部在身体两侧夹紧。放下杠铃，并重复上面动作。

243 瑞士球哑铃弯举

标准弯举可以锻炼整个上半身。弯举时加入哑铃、重物或橡皮带可帮助塑造出完美的胸部、肩部和手臂肌肉。将弯举与以核心为重点的锻炼相结合，有助于强化背部、肩部的肌肉和肱二头肌。

- 坐在瑞士球上，胸部张开，双足分开，双手各握一个哑铃位于臀部下方。
- 将重物弯举向肩部，肘部分开在身体两侧。
- 当哑铃与肩部平齐时，放下哑铃并重复上面动作。

深度弯举

在瑞士球上负重弯举可充分利用身体下方不稳定基础的优势。瑞士球提供了一个表面，需要你深入挤压核心并调动背部肌肉，以保持平衡。

244 瑞士球负重腹肌弯举

躺在瑞士球上，让球支撑腰部。将重力球举至头顶，开始缓缓将手臂举至胸部上方，然后慢慢抬起上半身。保持躯干呈一定角度，挑战你的核心力量。

245

T 字支撑

在该平板支撑中，通过利用一侧的 T 字支撑，不仅能够强化核心的稳定性，还能强化肩部和肩袖肌群的稳定性。该运动的目的是锻炼腹直肌、腹外斜肌、腹内斜肌和腹横肌。将身体重心从一侧换至另一侧，在整个锻炼过程中，保持身体稳定、伸展。

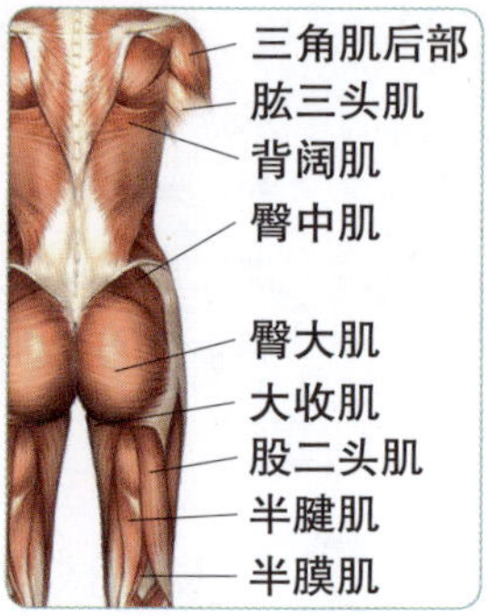

注释
粗体字表示目标肌肉
黑体字表示其他工作肌肉

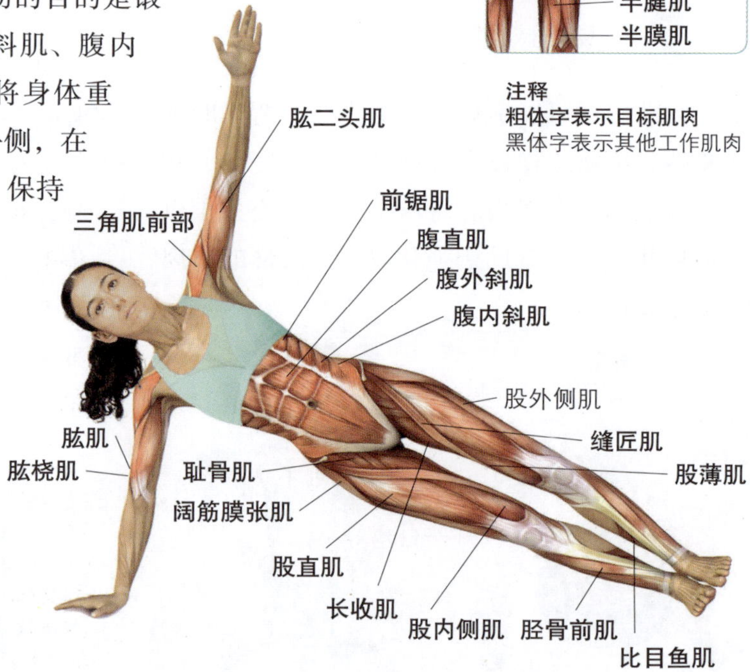

正确姿势

确保在锻炼身体一侧稳定性时，核心肌肉全部被调动，且帮助手臂发力。

注意

在该训练中应注意不要过度移动手臂。保持独立的运动，流畅地从身体一侧旋转至另一侧。

- 开始呈标准平板支撑，两只手掌撑在地板上。
- 将足部重量转移至一只足的一侧，两只足叠放。
- 旋转上半身，通过一只手保持平衡，稳定一侧的身体和核心，保持住。
- 回到中心式平板支撑，然后转向身体另一侧。

246 哑铃 T 字支撑

健身专家建议每周至少进行 3 次哑铃锻炼。将 T 字支撑和负重练习相结合，可调动胸部肌群和三角肌，同时锻炼核心和双腿。

- 开始呈标准平板支撑，身体在哑铃上方保持平衡。
- 将双足的重量分别转移至身体两侧。
- 旋转上半身，通过一只哑铃保持平衡，稳定一侧的身体和核心，保持这一姿势。
- 回到中心式平板支撑，然后转向身体另一侧。

247 悬吊式 T 字支撑

开始呈标准平板支撑，两只手掌撑在地板上。双足伸入一弹力悬吊带。旋转上半身，通过一只手保持平衡，稳定一侧的身体和核心。

248 跪地前臂支撑式 T 字支撑

开始时左前臂着地，呈侧身平板支撑。屈曲身体下方的左腿，将右臂竖直伸向天花板。收腹，保持身体前倾并保持平衡。换另一侧重复。

249 抬腿式 T 字支撑

开始时左前臂着地，双腿伸直，呈侧身平板支撑，双足上下叠放。将右臂朝天花板竖直向上伸直，收腹，保持身体向前，将右腿竖直向上伸展。换另一侧重复上述动作。

250 转体式平板支撑

用双臂支撑身体，呈中心平板支撑式。腿部用力，自臀部向下扭转下肢至左侧，同时屈曲膝部和手臂。身体两侧交替扭转。

251 T字支撑扭转

将一些对抗力加入T字支撑和侧卷腹运动中，可以很好地保持神经系统敏锐性，促进身体从后向前的肌群层面发育。当你将这种交叉式扭转加入训练中时，腹部和上背部肌肉会变得更加稳定。

- 开始呈标准平板支撑，两只手掌撑在地板上。
- 将双足的重量分别转移至身体两侧。
- 旋转打开上半身，通过一只手保持平衡，稳定一侧的身体和核心。
- 将伸展一侧的上肢向下伸入躯干下方，将身体屈曲呈旋转状。换一侧重复上述动作。

完美的平板支撑

平板支撑是最简单的运动之一。它非常有助于增强深层核心肌肉力量，为腰部提供稳定的支持力。平板支撑对于改善姿势、平衡性和减轻背痛也很有用。

252 手臂下掏式T字稳定

开始时左前臂着地，双腿伸长，呈侧身平板支撑，双足上下叠放。将右臂朝天花板竖直向上伸直，收腹，保持身体向前，将右臂向下伸入躯干下方，上身向左屈曲旋转。换一侧重复上述动作。

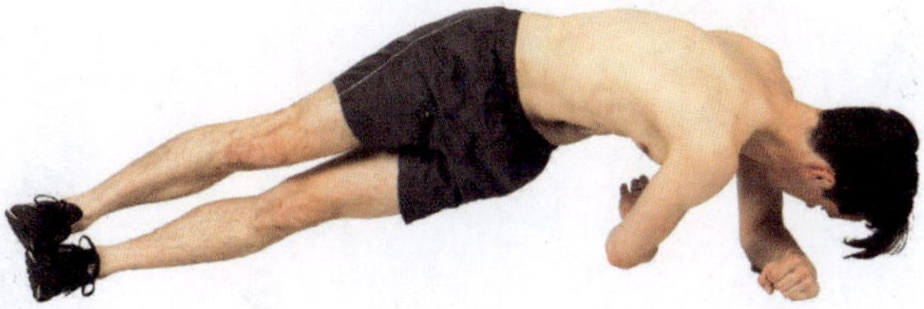

253

基础登山训练

登山训练中的关键在于，双腿要交替向胸部屈曲，与此同时，要充分调动核心肌群与腿部肌肉的紧张性，使身体与地面保持平行，如同在登山一样克服身体重力。该运动可锻炼核心和手臂的稳定性，并培养进行爆发性运动的能力。

正确姿势

务必让登山动作维持一个合适的水平。身体与地面平行，且尽量压至最低，这时提起膝部会有难度。

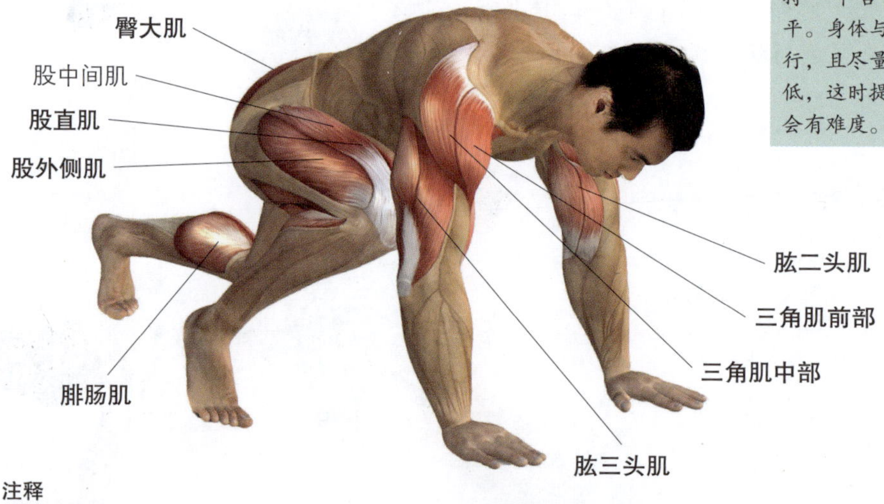

注释

粗体字表示目标肌肉

黑体字表示其他工作肌肉

注意

不要扭动腰背部或抖动肩部。保持腹肌用力，手臂从地板上撑起。

- 手掌朝下，在标准平板支撑中保持平衡。
- 深度挤压核心，将右膝靠近胸部。
- 平板支撑中将重心放低，左膝靠近胸部。两侧交替进行。

254 悬吊式登山训练

利用悬吊带锻炼，通过加入重力元素强化练习。上下拉伸的过程中需要对抗额外的重力，可增强肌肉的力量、平衡性和稳定性。

- 双足悬吊在悬吊带里，离开地面，保持双臂有力地伸长伸直，与身体长轴呈 90°。
- 保持上身挺直，上腹肌用力。
- 将右腿拉向胸部，然后换左腿。
- 每组动作完成后，保持双腿并拢。

255 平衡球登山运动

手掌朝下，在标准平板支撑中保持平衡。深度挤压核心，将左膝屈曲至胸部。平板支撑中，重心放低，将左膝向胸部屈曲。身体两侧交替进行。

256 实心球登山训练

手掌朝下，放在实心球上面，在标准平板支撑中保持平衡。深度挤压核心，将右膝弯向胸部。平板支撑中将重心放低，左膝弯向胸部，身体两侧交替进行。

257 交叉登山训练

以手臂垂直支撑的平板支撑开始。深度调动核心，并屈曲左膝部至胸部中央，双臂在左腿两侧。移动左腿穿过整个身体，然后收回。平板支撑中，重心放低，身体两侧交替进行。快速带动膝部运动，增加有氧运动。

258 **蜘蛛式登山训练**

手掌朝下，在标准平板支撑中保持平衡。深度收腹，挤压核心，左膝屈曲向外打开，左足置于右腿膝部旁边。交替双腿时，屈曲手臂。换边时降低身体重心。

259 **滑步式登山训练**

进入标准平板支撑。深度收腹，挤压核心，将右膝弯向胸部，右足在地上滑动。平板支撑中将重心放低，身体两侧交替进行，通过滑步将左膝移动至左肩。

260 **消防栓式登山训练**

双臂支撑在地板上，进入平板支撑。双手向下推，将左膝抬高至左肘部，然后将右膝抬高至右肘部，如此交替运动。保持双臂伸直，核心参与。

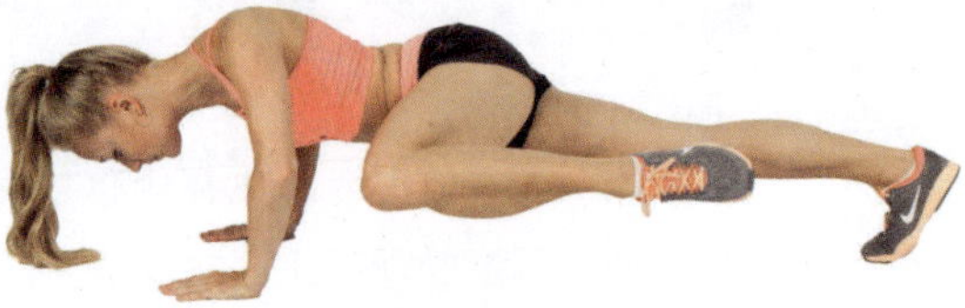

261 **瑞士球登山训练**

手掌朝下，放在瑞士球中心，在标准平板运动中保持平衡。深度收腹，挤压核心，将左膝屈曲向外打开，左足放在右腿膝部旁边。重心放低，身体两侧交替进行，将右膝屈曲向外打开，右足放至左腿膝部旁边。

262 **泡沫轴交叉登山训练**

利用泡沫轴做平板支撑，保持身体平衡，双臂伸直置于身体前方。将身体从一侧扭向另一侧，带动一侧膝部至胸部并穿过胸部至另一侧。保持躯干呈一定角度，维持姿势，挑战你的核心力量。

263 熊爬

身体进入平板支撑状态。屈曲双臂，把双手放在肩部下面，夹紧双腿。腹肌用力，开始向前爬行，移动双手和膝部，同时保持躯干屈曲和核心肌群紧张。

264 螃蟹爬

螃蟹爬很有挑战性，因为需要调动身体的许多肌群，以便在前进的同时保持平衡。这项运动非常有助于稳定肩部、上背部、骨盆和髋部肌群。

- 开始时坐在地板上，双腿伸向前方。
- 把手放在臀部后面，推地板。
- 通过适度伸髋，将臀部抬高离开地板。
- 屈曲双腿，以螃蟹爬行的姿势四处走动。

265 鳄鱼爬

面朝下躺在地板上，屈曲双臂，把双手放在肩部下面，俯卧撑进入平板支撑。夹紧双腿，腹肌用力，开始向前爬行，移动双手和膝部，同时保持身体贴近地板。

266

俯卧撑

正确姿势
在做俯卧撑的整个过程中，一定要保持身体处于一条直线上。这种富有挑战性的姿势要求你在锻炼腹部的同时，双臂同时使用同等的力度。

注意
特别注意下背部和尾骨。保持骨盆中立——既不向后拱起，也不要前倾。

简单漂亮又标准的俯卧撑是有必要掌握的最佳运动之一。无论你想拥有轮廓分明的手臂还是结实的胸肌，俯卧撑都可以帮你实现，甚至为你带来更多惊喜。俯卧撑从平板支撑开始，分开两肘，慢慢下降，克服重力作用。

注释
粗体字表示目标肌肉
黑体字表示其他工作肌肉

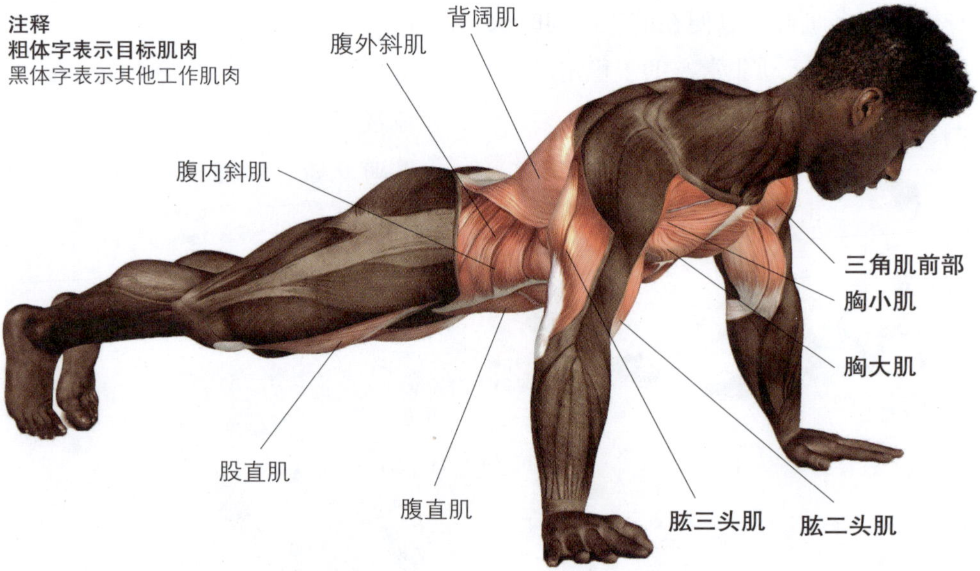

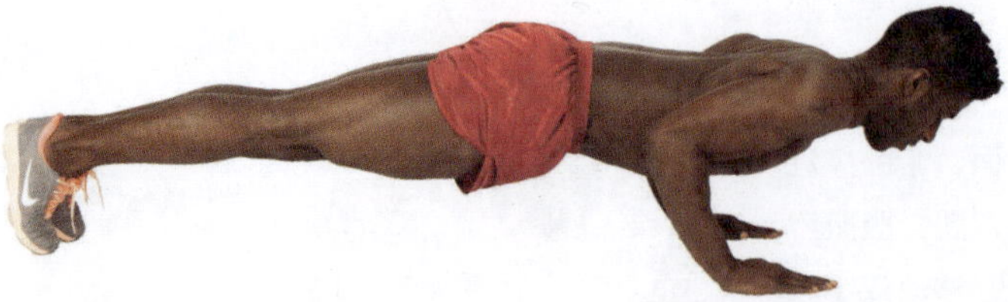

- 开始时保持身体伸长，与地面平行，靠双手和足掌保持平衡。
- 保持漂浮的感觉，向背部收紧腹肌，慢慢分开肘部，关节屈曲，让胸部靠近并接触身下的地面。

267 拍手俯卧撑

俯卧撑身体下降时，以爆发力迅速用双手将身体推离地面，快速地在胸前拍手。张开双手，再次放在地面上，回到重心较低的俯卧撑姿势。

268 壶铃俯卧撑

这种变式俯卧撑可通过较短的动作间隔时间将力量最大化。以俯卧撑的姿势开始，右手放在壶铃上。屈曲手臂，做一个俯卧撑，快速伸直手臂，将壶铃换到另一只手中。重复上述动作。

- 将壶铃放在右肩下方，身体静止在上方，右手稳稳地放在把手上，保持平衡。
- 左臂张开进入俯卧撑姿势。
- 保持身体重心在手臂前方，慢慢降低俯卧撑的高度，直到胸部与壶铃的手柄齐平。
- 将左手放在壶铃上，换一下手，右手张开撑在地面上做一个俯卧撑。

269 动力箱俯卧撑

屈曲双臂进入俯卧撑姿势，双臂位于动力箱两侧。迅速从地板上弹开，双手同时举在空中，以俯卧撑的姿势降落在动力箱上方。伸展手臂，降低身体进入俯卧撑，从盒子上弹开，张开双臂，再落下，像开始时那样将双臂落在动力箱两侧。

270 单臂俯卧撑

以基础俯卧撑姿势开始（#266）。把左手放在背后，保持左右肩在一条直线上，同时慢慢做俯卧撑。换一侧重复上述动作。

271 单臂单腿俯卧撑

身体保持基础俯卧撑的姿势（#266），重量均匀分布在双手和踝关节上，将左臂抬离地面，向前方伸直。然后抬起右腿，向后方伸直。保持平衡，同时降低俯卧撑的高度。换一侧，重复上述动作。

272 下降式俯卧撑

双手支撑，膝部用力，先将一只足放在瑞士球上，再放另一只足。身体保持一条直线，双臂与躯干呈 90°，双手靠近，屈肘，将胸部降低至地面。

273 宽距俯卧撑

身体保持平衡，双臂分开较大距离，慢慢降低俯卧撑的高度。确保手臂上下移动，保持身体最佳平衡。

274 实心球下降式俯卧撑

双足在实心球上保持平衡。双手和膝部用力，双手分开与肩部同宽。身体呈一条直线，双臂与躯干呈90°，双手靠近，屈肘，将胸部降低至地面。

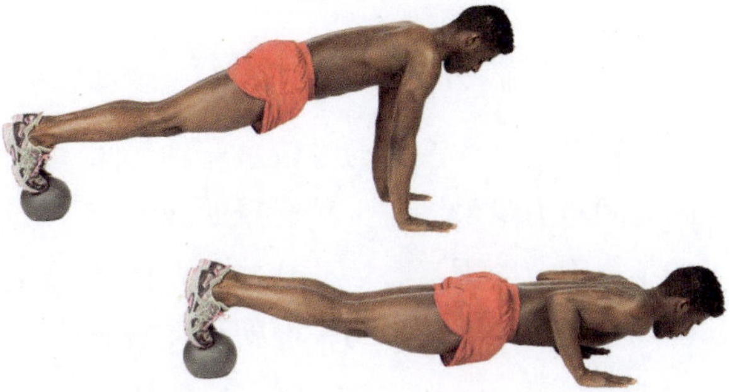

275 平衡球移动式俯卧撑

开始，右手放在地面上，左手放在平衡球上。降低身体呈俯卧撑姿势，然后将双手放在平衡球上方。左手放在地面上，保持右臂在平衡球上。降低俯卧撑的高度然后抬高。

276 平衡球俯卧撑

这种动态俯卧撑可以很好地锻炼平衡性和协调性。将俯卧撑和抬腿运动相结合，可以锻炼整个上半身和腹部的力量。这项练习要求在身体重心悬空的同时向背部收紧腹肌。

- 从俯卧撑姿势开始，双手分别放在平衡球两边。
- 屈曲双臂，做一个俯卧撑。
- 俯卧撑中挺直身体，将左腿举到空中。
- 放下左腿，再做一个俯卧撑，伸直躯干，抬起右腿。

动动脑

将道具加入训练中是提高平衡性和协调性的好方法。双手交替将道具从一侧换到另一侧，可以锻炼身体的肌肉，也可以锻炼大脑的交替控制能力。

277 增强式平衡球俯卧撑

这种俯卧撑变式通过较短的动作间隔时间将力量最大化，平衡球的加入创造了不稳定的因素。运动开始时，将平衡球翻转过来，圆形的一面朝下，平面朝上。

- 以俯卧撑姿势开始，双手分别放在平衡球平面的两侧。
- 双臂和腹部用力。
- 屈曲手臂，做一个俯卧撑，快速伸直手臂，保持身体在上方。

278 平面平衡球俯卧撑

平衡球在俯卧撑中可为身体创造一个不稳定的因素。运动开始时，将平衡球翻转过来，圆形的一面朝下，平面朝上。保持腹肌紧张，同时夹紧双腿内侧肌肉，双手放在平衡球的中间。保持平衡，做一个俯卧撑。

279 平衡球钻石俯卧撑

手掌朝下放在平衡球上，两个拇指向下伸出，两手食指相触，形成钻石形。慢慢向下压，使肘部张开，呈俯卧撑姿势。双手靠近可以锻炼胸大肌和肱三头肌。

280 泡沫轴俯卧撑

双臂放在水平泡沫轴上，保持身体平衡。将上臂收紧至身体两侧，慢慢降低身体呈俯卧撑姿势。确保手臂沿着身体两侧上下移动以达到最佳平衡。

281 泡沫轴俯卧撑和平移

开始时右手放在地板上，左手放在泡沫轴上。降低身体呈俯卧撑姿势，然后将双手放在泡沫轴上方。左手放在地板上，保持右臂在泡沫轴上。降低身体，呈俯卧撑姿势，然后升高。

282 实心球俯卧撑

身体重量在实心球上方保持平衡，伸直双臂，以这个姿势做一个俯卧撑，通过深度拉伸腹肌，并慢慢将双臂从屈曲变为伸直来保持平衡。

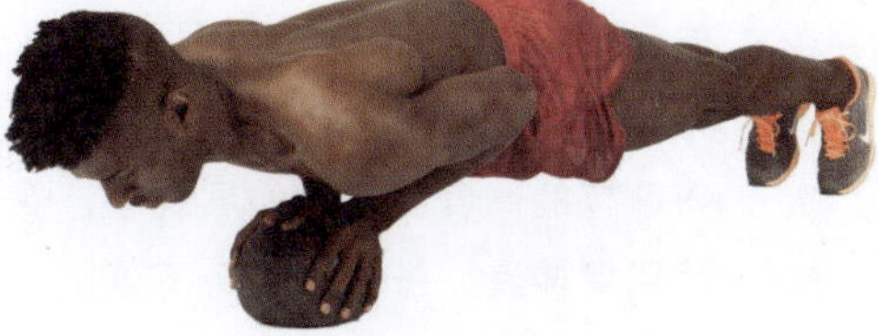

283 瑞士球俯卧

在俯卧撑中加入瑞士球，可将肌肉的智能性和灵活性最大化。瑞士球增加了不稳定性，挑战身体的所有肌肉，不断用力和停下。

- 进入俯卧撑姿势（#266）。
- 将足踝移动到瑞士球的顶端。用力收腹来支撑身体平衡。
- 拉长脊柱，肘部屈曲，呈俯卧撑姿势，使胸部靠近地板。伸直双臂并重复上述动作。

284 瑞士球斜压哑铃推举

每只手握住一个哑铃，双足交叉叠放在瑞士球顶端，双手和膝部用力。身体呈一条直线，双臂与身体呈 90° ，双手同时握紧，屈曲肘部，并将胸部降低至地面。

285 跪姿俯卧撑滚杠铃

双手握住杠铃，杠铃片的重量分别在两头，双膝合拢，跪在地上。慢慢降低俯卧撑的高度，同时伸长躯干，保持双臂伸直，将杠铃从身下滚出去，再滚回到起始位置。

286 俯卧撑滚杠铃

手持杠铃，保持俯卧撑姿势。降低俯卧撑的高度，同时伸展躯干，保持双臂伸直，将杠铃从身下滚出。尽可能使胸部接近地面，将杠铃滚回到起始位置。

287 俯卧撑滚哑铃

双手各握一个哑铃，进入俯卧撑姿势（见#266）。伸长脊柱，伸直手臂，慢慢屈曲肘部，做一个俯卧撑。在俯卧撑中保持低重心，双手轮流滚动，将哑铃伸直在面前，然后再滚回。

288 悬吊式俯卧撑

双手和膝部用力，双足交替放进弹力悬吊带。身体呈一条直线，双臂与身体呈 90° ，双手与肩部同宽，屈曲肘部，将胸部降低至地面。将身体向上推，并重复上述动作。

289 悬吊式收腹俯卧撑

双足悬吊在悬吊带里，离开地面，保持双臂伸长伸直，与身体呈 90° 。保持上身挺直，腹肌用力，将双腿拉向胸部。保持这一姿势以增加难度，然后将双腿退回。

290 毛巾飞行式俯卧撑

毛巾飞行是对俯卧撑的一种改进，要求你前后移动手臂，而不是上下移动。采取平直俯卧撑的姿势，双手放在光滑地板的毛巾上。保持躯干紧张，双手一起滑动，将毛巾卷成团，然后前后滑动。重复上述动作。

291 实心球平移

开始时右手放在地板上，左手放在实心球上。降低身体呈俯卧撑姿势，然后将双手放在球上。左手放在地板上，右臂保持在球上。降低身体，呈俯卧撑姿势，然后抬高。

第二章

静力性练习

静力性练习是指身体肌肉运动极少或运动幅度极小，却收效显著的运动。大多数静力性练习也可以称为“肌力均衡体操”。你可能做过一些这样的运动。我们将在接下来的几页中深入分解一些更广为人知的静力性练习，包括平衡、平板支撑和桥式练习。被人们广泛认可的身体冥想相关练习，包括瑜伽、普拉提、螺旋塑体、菲尔登奎司法、太极、各种武术体系、芭蕾，均包含大量肌肉静力性练习。将这些动作结合到你的常规运动中，可锻炼深部肌肉耐力、肌肉张力和力量。

292

单腿平衡

将膝部抬高到臀部高度，保持在该位置，这时调动了核心和身体的多块肌肉。另外，通过腿的弯举给了腰部一个拉伸力。双膝交替抬起至胸部，同时保持平衡，可以锻炼敏捷性、灵活性和核心力量。试着将你的平衡想象成全身运动，激活每一块肌肉参与练习。

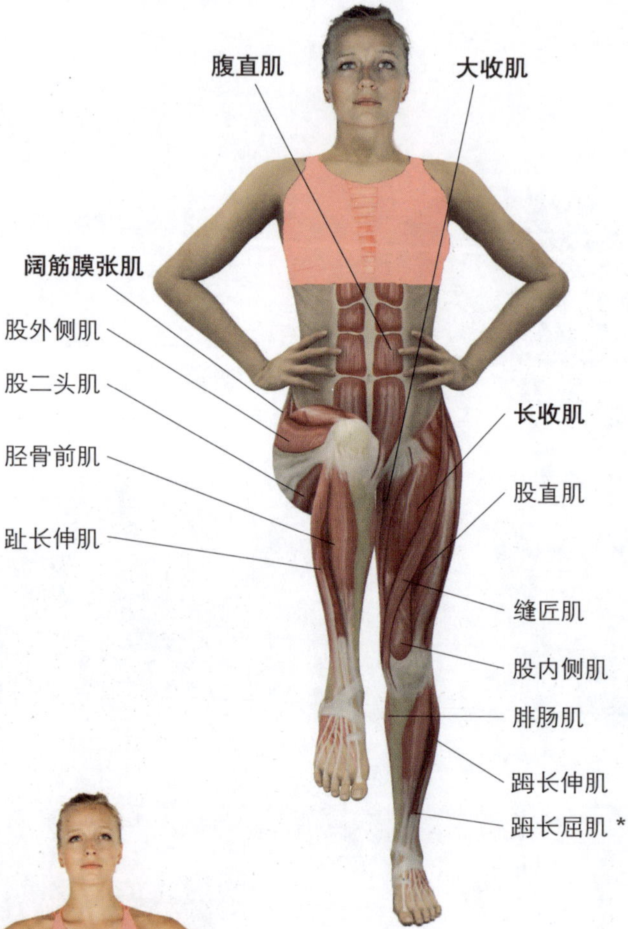

注释
粗体字表示目标肌肉
黑体字表示其他工作肌肉
* 表示深层肌肉

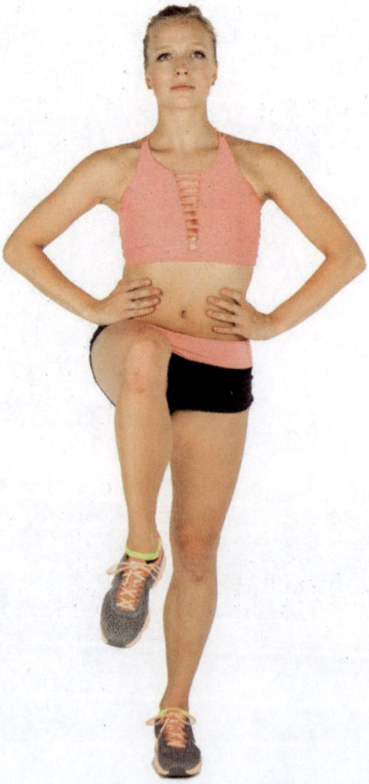

正确姿势
保持背部挺直，腹肌紧贴背部，以支撑核心。

注意
不要让肩部前倾，也不要向身后张开太远。保持腹部用力，以便正确对齐。

- 双臂放在躯干两侧，站直。
- 尽力将腹部收向背部，想象你的脊柱伸向天花板。
- 把身体重心放在双腿间，将双手放在腰部。
- 将右膝抬高至臀部高度，重心转至左腿，拉伸腹部，上身保持直立，维持平衡。交换腿并重复上述动作。

293 反向腿弯举

身体直立，双臂举过头顶。身体前倾，左腿站立，伸出右腿至身后。张开双臂至身体两侧，帮助身体保持平衡。保持头部、躯干和腿在一条直线上，以便进一步保持平衡。换另一侧重复上述动作。

294 负重反向腿弯举

身体直立，双臂举过头顶，手握哑铃。身体前倾，用右腿站立，伸出左腿至身后。张开双臂至身后帮助身体保持平衡。保持头部、躯干和左腿在一条直线上。换一侧重复上述动作。

295 单腿椅式

身体直立，双臂举过头顶。右腿抬离地面，举高这条腿，臀部向后翘起，身体慢慢下降至单腿椅式。通过腹肌随时用力来保护屈曲的膝部，抬起左腿，重复上述动作。

296 单腿画圈

做单腿画圈练习时，身体躺在地板上。一条腿以画小圆圈的姿势来回缓慢移动，可以稳定骨盆、髋部内部和周围的所有小肌肉。可以先从画小圈开始，逐渐画成大圆圈。

- 平躺在地板上，双腿伸直，双臂保持在身体两侧，手掌压向地面。
- 抬起左腿，直接越过左臀部。
- 将腿伸至右肩部，跨过身体，然后向下扫到右足。继续画圈，将左腿从右足处移开，绕回至开始姿势。
- 用同一侧腿反向画圈，先伸向左边。换腿，并重复上述动作。

297 腿前拉

掌握腿前拉动作需要一定时间，我们每个人都有不同敏捷性和灵活性。作为初学者，如果你正努力练习将腿向前伸直，可以从双膝略屈曲开始，然后逐渐伸直腿。加入悬挂带或弹力带或许会有帮助。

- 身体站直，双腿在膝部略微屈曲。
- 把身体重心放在足掌上。
- 将右膝抬至臀部高度，向下推至左腿，拉伸腹部。
- 双手够右足踝，慢慢将右腿伸直。
- 换腿，并重复上述动作。

298 树式

双腿并拢。大腿内侧收紧，将身体的重心放在足掌上。伸手将右足拉起，屈曲右腿使右足位于左膝高度。将右足压在左膝内侧，手臂举过头顶。换腿，并重复上述动作。

299 侧倾树式

双腿并拢。大腿内侧收紧，将身体的重心放在足掌上。右腿打开，屈曲膝关节，使右足位于左膝高度。将右足压在左膝内侧，伸出双臂至身体两侧，向右倾斜躯干，向左看。换另一侧重复。

300 向上莲花树式

双腿并拢。大腿内侧收紧，将身体的重心放在足掌上。伸手将右足拉起，屈曲右腿，使右足位于左膝高度。将右足压在左腿上，伸直右臂。换一侧，重复上述动作。

301 手对足，手对膝树式

双足并拢站立。屈曲右膝，右臂向下伸。用右手握住右膝外侧，将右膝压向背后，稍微向前屈曲躯干。左手带动向左绕圈，抓住右足顶端。换一侧重复上述动作。

302 伸展式

把身体的重心放在足掌上。抬起右膝至臀部高度，向下推至左腿，然后收腹。伸出双手摸右踝，伸直右腿，将其拉起至面部高度。换腿，重复上述动作。

303 伸手触踢趾

双腿并拢。大腿内侧收紧，将身体的重心放在足掌上。伸手将左足拉起，屈曲左腿使左足位于右膝高度。将左足踢趾握在左手中，伸开至身体一侧。换腿，并重复上述动作。

304 转体伸手触踢趾

把身体重心放在足掌上。将右膝抬高至臀部高度，向下推至左腿，收腹。将左手伸至右足内侧，右腿向左侧伸直，躯干向右扭转。换边重复。

305

上体后仰

注释
粗体字表示目标肌肉
黑体字表示其他工作肌肉
* 表示深层肌肉

上体后仰运动的重心是集中锻炼股四头肌、大腿内侧肌、股后肌群和髋部的肌肉。通过跪地姿势，分开膝部，深度屈曲，将身体重心向身体后方转移，至中心线后方，这样可以调动核心的全部肌肉，并将腿部深度下压。

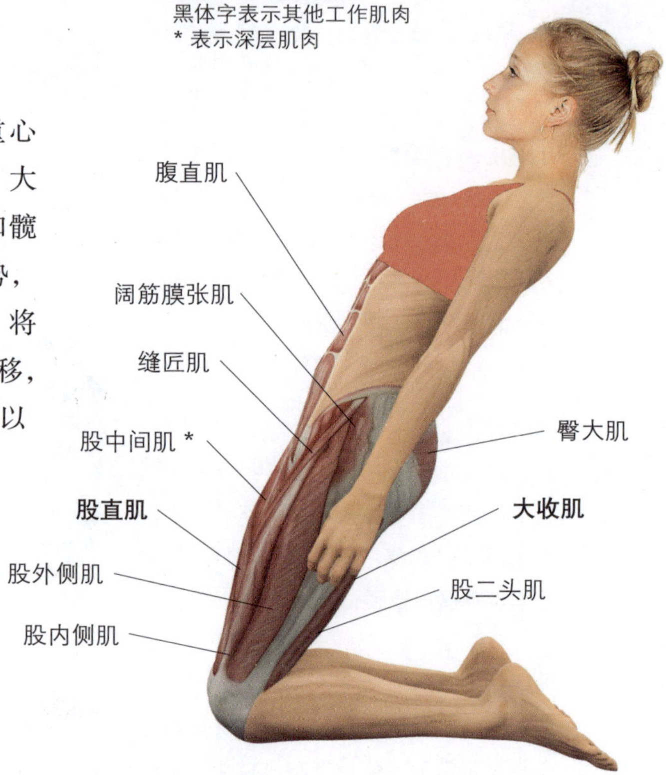

正确姿势
保持身体从膝部到头顶在一条直线上，身体的前面和背后都是如此。

注意
不要夹紧大腿内侧，否则会导致股四头肌变形。保持肌肉伸长且固定。

- 跪在柔软的地板上，膝部稍微分开，与髋部同宽。
- 双臂垂在身体两侧。
- 拉长脊柱，将腹部向腰部拉伸。
- 收缩臀部肌肉和股后肌群，让身体的重心向后倾斜至背后的空间。
- 收紧双腿和核心肌群，恢复躯干直立。

306 持杠铃片上体后仰

为了实现最大限度地上体后仰，必须向内挤压腹肌，以支撑腰部和股后肌群。可以通过增加髋部前部的重量增加该训练的难度。

- 跪在柔软的地面上，膝部稍微分开，与髋部同宽。手持一个杠铃片在胸部下方以增加负重。
- 拉长脊柱，将腹部向腰部拉伸。
- 收缩臀部肌肉和股后肌群，让身体的重心向后倾斜到背后的空间。
- 收紧双腿和核心肌群，恢复直立。

307 举哑铃上体后仰

跪在柔软的地面上，双膝稍微分开，与髋部同宽。将哑铃举出，至胸部前方。拉伸脊柱，腹部向内拉伸至腰部。收缩臀部肌肉和股后肌群，让身体的重心向后倾斜到背后的空间，身体向右扭转，然后向左扭转。

308 上体后仰和扭转

膝部稍微分开，与髋部同宽，双手握哑铃，伸向胸部前方。拉伸脊柱，腹部向内拉伸至腰部。收缩臀部肌肉和股后肌群，让身体的重心向后倾斜到背后的空间，身体向右扭转，然后向左扭转。

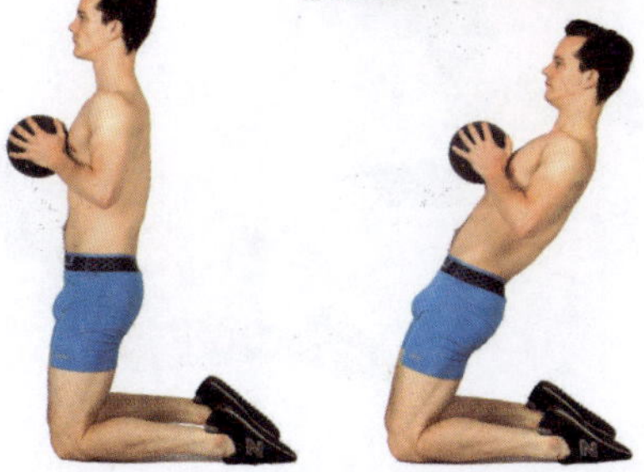

309 举实心球上体后仰

双膝稍微分开，与髋部同宽，双手握住实心球，伸向胸部前方。拉伸脊柱，将腹部向腰部拉伸。收缩臀部肌肉和股后肌群，让身体的重心向后倾斜到背后的空间，身体向右扭转，然后向左扭转。

310

消防栓式

正确姿势

通过将腹部收紧，深深拉向腰部，保持背部平坦。

注意

膝部向内或向外的位置不要超过 90°。方形对齐是这组动作的关键。

这一核心训练的变式可见于几乎所有以腹部为重心的锻炼，如瑜伽、普拉提、芭蕾和健美体操。重点是保持双手和一条腿之间的重心稳定，同时在身体的另一侧抬高和降低腿，锻炼臀部、大腿和腹部的内外肌群。

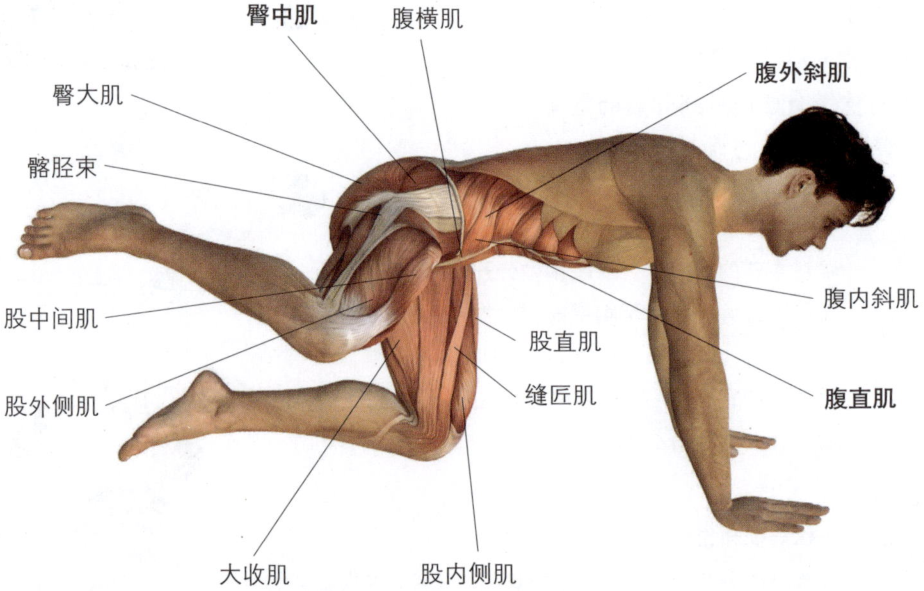

注释
粗体字表示目标肌肉
黑体字表示其他工作肌肉

- 双手和膝部保持平衡。
- 用力拉起腹肌，向背侧伸展，并挤压躯干两侧的腹斜肌。
- 将右腿向外侧抬起，保持膝部弯曲，胸部朝向地面，换腿，重复。

311 直腿消防栓式

开始时身体重量位于双手和双膝部。双腿和腹肌用力，收紧躯干两侧的腹斜肌。抬起右腿，伸向身体一侧，膝部屈曲，然后将腿伸直。换腿，并重复上述动作。

312 消防栓式伸缩腿

开始采用双手双膝着地的四柱式姿势，然后适时分开一条腿，是利用身体自身重量塑造核心力量的好方法。你可以在你认为合适的任何时刻做这种分腿动作。双手和膝部用力，保持平衡。用力将腹肌向上收缩，拉向背部，沿着躯干两侧收紧腹斜肌。抬起右腿向外侧伸，推动这条腿，伸至后方。换腿，并重复上述动作。

313 腿部负重消防栓式

开始时身体重心位于双手和双膝中间。将腿部重物固定在左踝部往上一点的地方。腹肌用力，沿躯干两侧挤压腹部斜肌。抬起左腿至身体一侧，膝部屈曲，然后将腿伸直。将重物转移到右踝部上侧，右侧重复上述动作。

314 负重鸟狗式

将腿部重物固定在左踝部。使重量平均地分布在双手和双膝上。将右臂抬离地面，向前伸直。然后抬起左膝部，向后伸直。深度拉伸腹肌，从右手向左腿伸展，保持平衡。换另一侧重复。

315 指针式

采用平板支撑姿势，然后向前伸直左臂，同时抬起右腿，直到整个身体从足趾到肩部呈一条直线。当运动到达最高点时停止，回到平板支撑式。换一侧重复。

316 滚轴屈膝抬腿

以标准平板支撑姿势保持平衡，双臂伸展，手掌向下。腿部在泡沫轴上滚动，髋部屈曲，将双膝滚向胸部。核心肌群收紧，提至腰部，保持屈曲姿势。

317 臂腿伸展

面朝地板躺下，双臂在胸前屈曲，双腿伸直。将腹肌拉伸至背部，左腿抬离地面，同时将右臂向前向上伸。交替手臂和双腿进行训练。

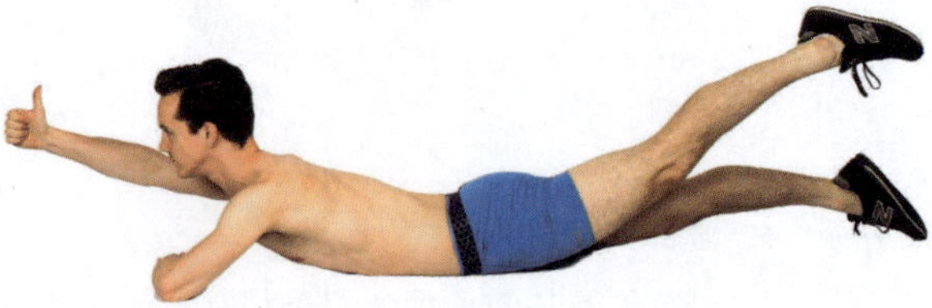

318 臂腿抬高伸展

身体在瑜伽垫上伸展。双臂在头顶靠近，紧紧收缩大腿内侧肌肉。腹肌用力，同时一次举起双臂和双腿离开地面。

319 实心球伸展

开始时实心球位于背部中央，重量均匀分布在双手和双膝部，右臂抬离地面，向前方伸直。然后抬起左腿，向后伸直。深度拉伸腹肌，从右手到左腿，保持平衡。换另一侧重复。

320 平板支撑式臂腿伸展

在平板支撑的状态下张开前臂。伸直双腿，将重心放在足掌上。向内收缩腹肌，右臂向前伸，同时提起左腿。保持左前臂向下，压住地面。换另一侧重复。

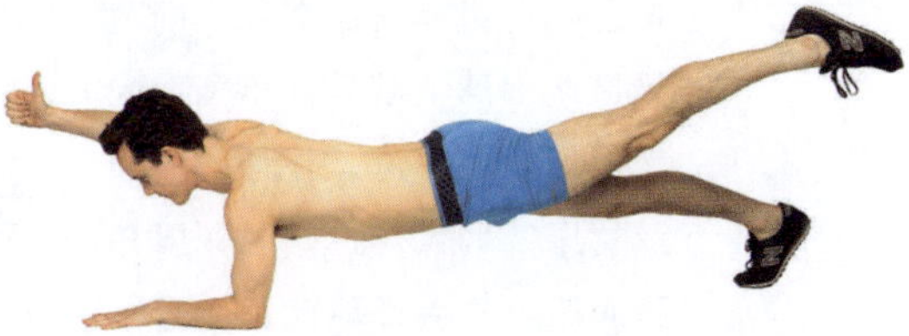

321 瑞士球梭鱼式

瑞士球梭鱼式是平板支撑和等长练习腹部锻炼的完美结合。将瑞士球作为运动道具，由腰部控制，可以强化腹肌，稳定骨盆，同时增加双臂力量，在双手支撑倒立中保持平衡。

- 以硬平板支撑开始，双足支撑在瑞士球中心。
- 下部腹肌和腰部用力，髋部屈曲。
- 让瑞士球滚向身体，臀部高高举向天空。
- 在最高处保持住，深度拉伸腹肌。

核心就是一切

锻炼核心肌群，学习控制核心肌群保持重心稳定，将决定你的训练能否成功。其中一个技巧是将核心想象成一个包裹动作，从腹部开始，一直拉到下背部。

322 **瑞士球手行训练**

手臂完全伸直，双足放在瑞士球中心处，带动身体进入长平板式。屈髋，向上高高推起下半身，保持屈体式，用力收紧腹肌，双手向右移动，再向左移动，最后回到平板式。

323 **瑞士球前滚训练**

将上半身重量交给双臂，同时凭借瑞士球实现身体平衡。向下放低膝部，进入拉伸跪姿。双臂压紧瑞士球，同时深度挤压腹肌，将瑞士球向远离身体的方向推动。

324 **瑞士球平板支撑**

在该平板支撑变式中，最深层的腹肌将得到锻炼。将上身重量放在前臂上，同时在瑞士球上保持平衡。将前臂推入瑞士球，深度收缩腹肌。

325 **瑞士球弹力带伸展**

以平板支撑式开始，前臂支撑在瑞士球上。将一条弹力带固定在小腿上，伸直双腿，闭拢双足。向内收缩腹肌，两腿交替向外压弹力带。

326 **实心球梭鱼式上提**

以平板支撑开始，双足支撑在实心球顶部。下腹肌和腰部用力，臀部屈曲。将实心球向前滚动，臀部像梭鱼一样朝向天空抬起。在最高点保持，深度拉伸腹肌。

327 瑞士球犁式训练

背部贴于地面平躺，两小腿放在瑞士球上，用力将髋部向上举高，直至以肩部背面撑地，屈曲膝部过头顶。用向后伸展的双臂抱住瑞士球，同时伸直双腿。

328 瑞士球犁式外展训练

背部贴于地面平躺，用足踝夹住瑞士球举高，大腿内侧发力挤压瑞士球，将下半身往头顶处推，双手向后落于身体两侧。

329 瑞士球滑雪式训练

该动作属于平板支撑的变式，需要在下肢之间转移重量，同时稳定核心肌群，完全伸展手臂、髋部和骨盆肌肉。

- 将瑞士球置于膝部下方，带身体进入延伸式平板支撑。
- 向内收紧腹肌，尽量使其远离地面。
- 向相反的两个方向延伸头部和双足，从而达到拉伸脊柱的目的。
- 将髋部尽量向右侧扭转，再向左侧扭转。

330

桥式训练

正确姿势
当桥式动作达到最高点后，整个身体从头部到膝部处于一条直线上。

注意
双腿不要距离臀部太近，以便于身体上下移动时有足够的活动空间。

桥式训练有助于激活双腿上下部肌肉。为了完成一个标准的桥式训练，务必向内收紧腹肌，从而为下背部和腘绳肌提供支持。如要增加难度，可以在髋部前方增加重量，或将一侧腿抬离地面，或上述两个动作同时进行。

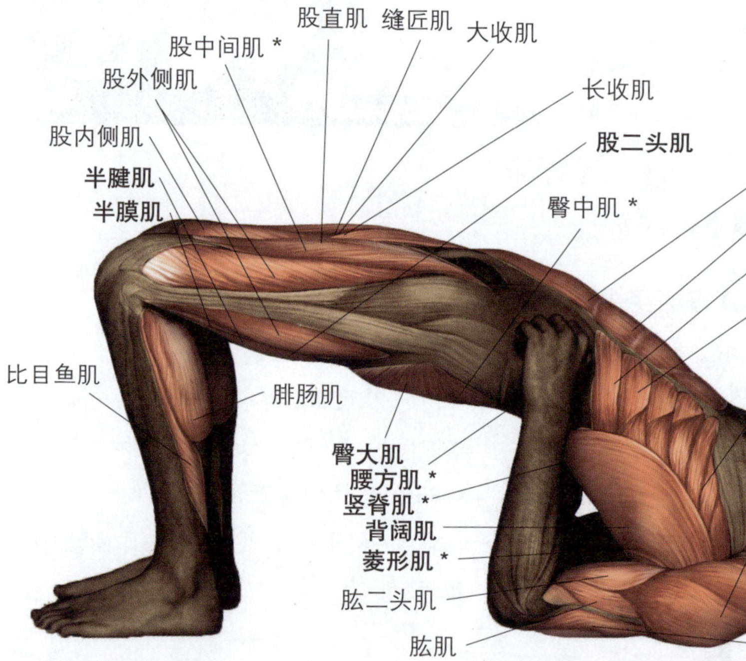

注释
粗体字表示目标肌肉
黑体字表示其他工作肌肉
* 表示深层肌肉

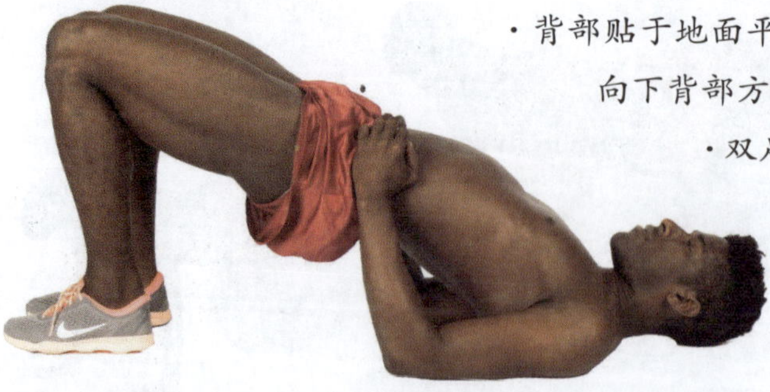

- 背部贴于地面平躺，调动腹肌，尽量将腹肌向下背部方向收紧。
- 双足落于地面，大腿内侧并拢。
- 手臂夹紧身体两侧，尽量将髋部向上顶起，达到最高点时，启动核心肌群和腘绳肌。

331 桥式负重训练

背部贴于地面平躺，双足着地，大腿内侧并拢。在髋部负重，尽量将髋部向上顶起，启动深层核心肌群。

332 桥式抬腿训练

背部贴于地面平躺。双足着地，大腿内侧并拢。向上抬右腿，屈曲膝部。同时有力调动腘绳肌和臀部肌肉核心，向上顶高髋部。把右足和右臀收回放于地面，举起左腿重复。

333 桥式 90° 抬腿训练

抬腿训练时，务必以深度、有力的方式启动腹肌。桥式训练辅以抬腿动作，就是要在手臂、骨盆以及伸直的腿之间找到重量平衡。在训练中，髋部向上抬得越高，就越要稳定核心。

- 背部贴地平躺。
- 将右腿向上抬高，伸直整个右腿。
- 有力启动腘绳肌和臀部肌肉核心，将髋部向上抬高。
- 将右腿和髋部落回地面。
- 抬高左腿至 90° ，并重复以上动作。

334 梨状肌桥式伸展训练

背部贴地平躺，屈曲膝部，双足着地。将右足踝放在左膝上。有力启动腘绳肌和臀肌，挤压胯部，带动髋部向上。双臂压地做附加伸展，换腿，重复以上动作。

335 桥式垂悬抬腿训练

背部贴地平躺。双足跟勾住固定牢固的垂悬带，手臂置于身体两侧，用力向下压，与此同时向上推送髋部。注意，务必保持肩部和上臂紧贴地面，从而为身体提供支撑。

336 阶梯有氧桥式抬腿和推胸训练

将 1 块高度较低的健身砖摆好，双足放在健身砖上，带动身体向健身砖方向移动，髋部距离健身砖边缘约 30 cm 为宜。屈曲双膝，双手抓举哑铃于胸部。向上伸直右腿，髋部上推，进入桥式，双手向上推举哑铃，换左腿，重复以上动作。

337 单腿平衡球桥式训练

背部贴于地面平躺。双足放在平衡球的球面上，大腿内侧并拢。有力启动腘绳肌和臀肌，带动髋部向上，向上伸直右腿。换左腿，重复以上动作。

338 瑞士球桥式反向旋转训练

背中部枕在瑞士球上，直至达到平衡。屈曲膝部，向上推送髋部使其远离地面。双手抱住胸部的健身球举起，同时保持整个躯干伸直，轮流向左、右扭转。

339 瑞士球反向桥式滚动训练

将整个躯干躺在瑞士球上，保持平衡。屈曲膝部，推送髋部向上，使其远离地面。保持躯干平直，将增加重量的健身球从胸部举高。轮流向左、右扭转，整个过程保持双腿静止不动。

340 瑞士球坐桥训练

这是一组很棒的变化动作，能够帮助打开上胸部，拉伸脊柱、腹部和骨盆。通过这项训练，会让你掌握如何让身体进入“全桥”，也就是瑜伽中常说的“轮式”体式。

- 端坐在瑞士球上，双臂前平举。
- 让下脊柱缓慢接触到瑞士球，接着是肩部和上背部。
- 伸直双臂，努力碰触正后方地面。
- 待双手触地，双足双腿用力，带动髋部离开瑞士球。

341 瑞士球桥式训练

端坐于瑞士球前方。张开双臂，缓慢地使下脊柱、肩部和上背部靠在球上。向两侧充分打开双臂，同时带动髋部向上，身体进入“全桥”。

342 瑞士球直腿桥式训练

背部贴地平躺。双足跟放在瑞士球上。双臂放在身体两侧，向下压地，带动髋部向上，双腿绷直，进入桥式。注意，保持肩部和上臂紧贴地面，为身体提供支撑。

343 瑞士球直腿桥式抬腿训练

背部贴于地面平躺。双足跟放在瑞士球上。双臂放在身体两侧紧贴地面，推送髋部向上，进入桥式。足跟勾住瑞士球，轮流从瑞士球抬起和放下左、右腿。

344 瑞士球桥式屈腿训练

进行屈腿训练时，务必以深层、有力的方式启动腹肌。瑞士球屈腿的动作要领，就是要在双臂、骨盆和双足之间找到平衡。在桥式中，髋部推得越高，就越要稳定核心。

- 背部贴于地面平躺。
- 将双足足跟放在瑞士球上。
- 双臂放于身体两侧，压紧地面，伸直膝部，向上推送髋部，进入桥式。
- 注意，肩部和上臂务必紧贴地面，为身体提供支撑。
- 屈曲膝部，带动瑞士球向身体下方滚动，再推开。

345 瑞士球桌面姿旋转训练

脊柱贴地形成“桌面姿势”，双膝夹紧瑞士球。肩部压地，让髋部、双腿和瑞士球共同倒向左侧，该过程中保持身体伸直。回到起始位置，再倒向右侧，重复上述动作。

346 瑞士球桥式屈腿训练

背部贴于地面平躺。启动腹肌，尽量向下背部方向收腹，同时将小腿放在瑞士球上。大腿内侧并拢。双臂摆在身体两侧进行卷腹训练。

347 瑞士球背向拉伸训练

这是一项很棒的拉伸，能够拉伸上胸部、脊柱、腹部和骨盆。瑞士球背向拉伸能够帮助练习者掌握保持身体直线的诀窍，从而进入“全桥”体式，也就是瑜伽中的“轮式”。

- 端坐在瑞士球上。旋肩部向上伸展双臂，略微屈曲双臂。
- 缓慢地将下脊柱、肩部和上背部靠在瑞士球上。
- 向后伸展双臂触地。
- 当前臂触地时，深呼吸，放松，舒展身体。

348 泡沫轴桥式抬腿训练 1

背部贴地平躺，将泡沫轴放在肩部下方。双侧膝关节伸直。双足足跟压地，有力启动腘绳肌和核心肌群，向上带动髋部。从髋部开始抬右腿。重复该动作，再抬左腿训练。

349 泡沫轴桥式抬腿训练 2

背部贴于地面平躺。将双足放在泡沫轴上面，大腿内侧并拢。深度启动腘绳肌和臀部核心肌群，向上带动髋部。伸直右腿向上抬高，再换成左腿。

350 动态仰卧训练

启动腹肌，使其向下背部收紧。双足放在地上，大腿内侧并拢。向上推高髋部，形成桥式。伸直右腿使其抬离地面，再屈曲放下。换腿重复以上练习。

351 腘绳肌拉伸训练

背部贴于地面平躺。双足放在泡沫轴上。深度挤压臀部核心肌群，启动腘绳肌，推动髋部进入桥式。保持双臂在身体两侧伸直，双足向髋部带动泡沫轴滚动。

352

平板支撑训练

正确姿势
保持身体在一条直线上，想象自己的身体以核心为中心，向两个方向在无限延伸。

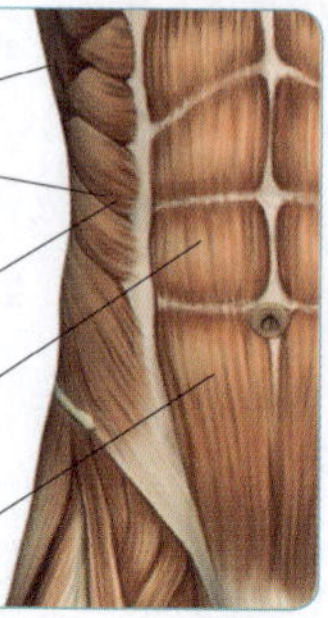

平板支撑训练是一种核心练习，几乎可见于所有腹部练习，如瑜伽、普拉提、芭蕾杠铃和健美操。平板支撑就是保持核心稳定，悬浮在空中，用双臂和足掌保持平衡。它不仅能增强核心肌群，还能稳定下背部，缓解背部疼痛。

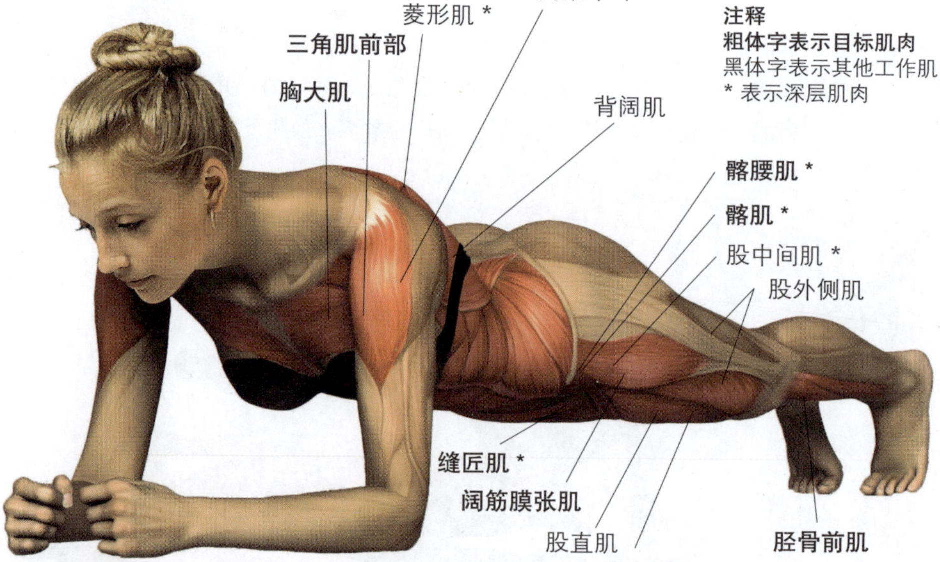

- 通过前臂和前足掌保持身体平衡。
- 深度挤压腹肌，使其远离地面。
- 舒展脊柱，分别向两个相反方向伸展头部和双足。

注意
放松肩颈部，双眼看向远方。眼神向下凝视，放松。

353 简易平板支撑训练

通过前臂和双膝平衡身体。深度挤压腹肌，使其远离地面。舒展脊柱，让头部和双膝向相反的方向延伸。大腿压向地面。

354 平板式俯卧撑训练

通过前臂和前足掌平衡身体。深度挤压腹肌，使其远离地面。向上抬高臀部和背部，保持双足和前臂不动。该动作能够很好地拉伸背部，强化核心肌群。

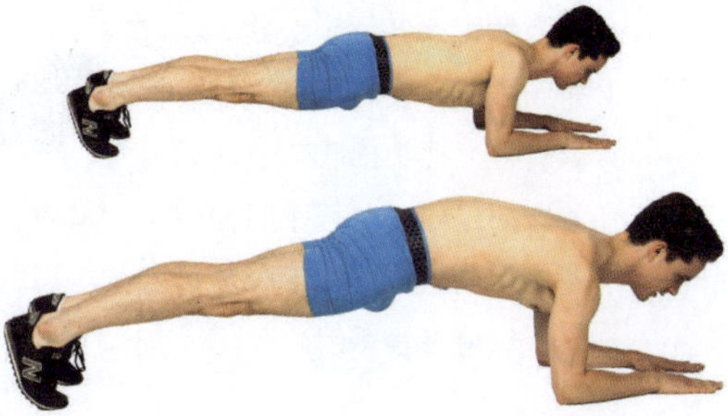

355 平板式抬腿训练

平板支撑是最简单的动作之一，能够从深层次、从内部训练核心肌群，从而保持下背部稳定。平板支撑练习还能改善体态、加强平衡、缓解背部疼痛。

- 首先收紧腹肌，同时跪在地板上。
- 身体重心均匀地分布在双手与双膝之间，让右臂抬离地面，向身体前方伸直。
- 抬左腿向后伸直。向内收紧腹肌，伸展右手和左腿，同时保持身体平衡。换边，重复以上动作继续练习。

356 **前臂平板式跪地训练**

通过前臂和前足掌平衡身体。深度挤压腹肌，使其远离地面。向下背部收紧腹肌，两边膝部轮流跪地练习。

357 **低位平板式训练**

让身体进入低位平板式。深度挤压腹肌，使其远离地面。伸展脊柱，让头部和双足向相反的方向延伸。分开手肘在躯干两侧屈曲。在身体下降至最低时，保持夹紧手肘。

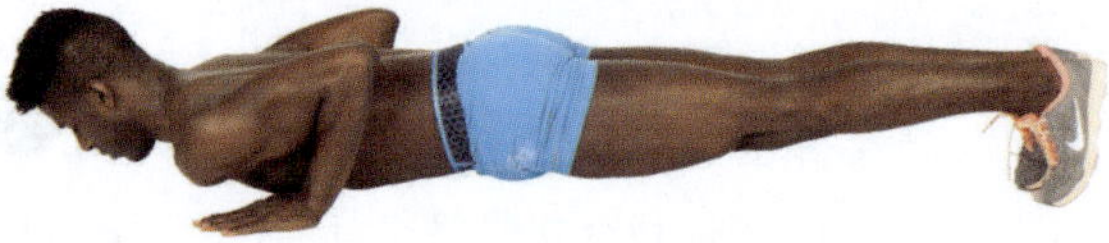

358 **垂悬前臂平板式训练**

进入平板式，利用前臂支撑身体。向地面方向放低前臂。将左足放到右膝腘窝处，再将右足放到左膝腘窝处，轮流换边训练。

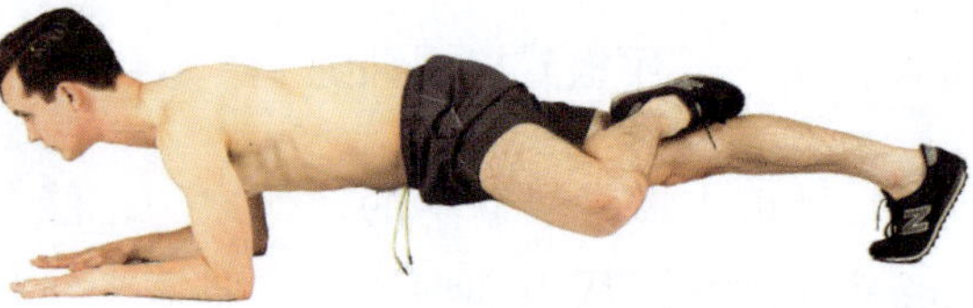

359 **蜘蛛人平板式训练**

进入平板式，用前臂支撑身体。向地面压低前臂，收紧核心肌群。左膝找左肘部，再让右膝找右肘部，轮流换边训练。

360 **伸臂平板式训练**

通过前臂和前足掌保持身体平衡。深度挤压腹肌，使其远离地面。伸展脊柱，使头部和双足向相反方向延伸。向右侧伸出右臂，再向左侧伸出左臂。

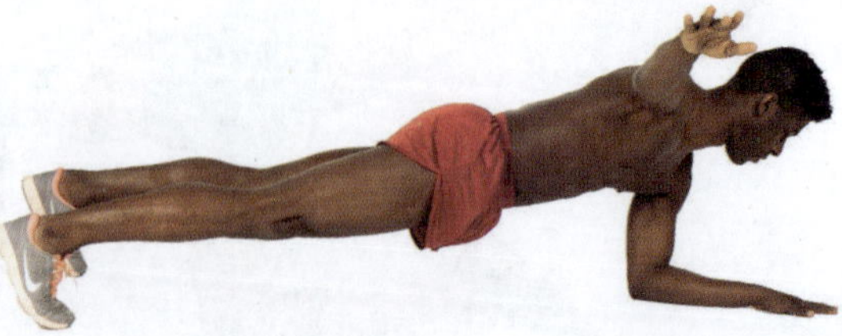

361 平板式撑起训练

通过前臂和前足掌保持身体平衡。深度挤压腹肌，使其远离地面。伸直右臂使其垂直于地面，同时身体压向左侧。保持这个体式，然后换边，按照以上步骤训练身体另一侧。

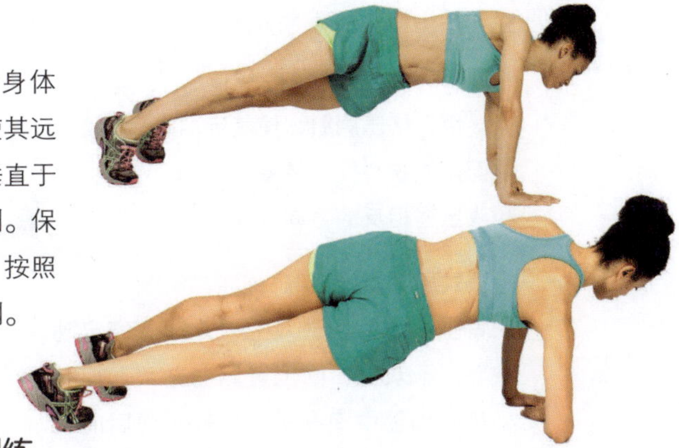

362 平板式向下卷动训练

平板式向下卷动训练有利于稳定核心和下背部。如果练习者存在下背部疼痛等问题，可通过该练习进行改善。在向下卷动过程中，应一节一节地伸展脊柱，再进入平板式，练习者通过训练，能够发展出支撑整个核心的有力腹肌。

外展和内收的含义

从人体结构角度来讲，“外展”指的是让上肢或下肢远离身体中线。“内收”指的是相反的意思：让上肢或下肢向身体中线位置靠拢。

- 身体直立，双腿分开，与肩同宽。
- 从髋部屈曲身体，双手触地。
- 双手手掌前移，远离双足。
- 达到平板式后注意保持。
- 身体回正，再重复以上动作。

363 平板式推举训练

通过前臂和前足掌平衡身体。深度挤压腹肌，使其远离地面。腹肌向下背部收紧，双手铺开撑地。

364 短式平板支撑训练

通过双手和双膝保持身体平衡。用力挤压腹肌，使其远离地面。伸长脊柱，尽量让头部和双足向相反的方向延伸。

365 平板式屈膝抬腿训练

双臂垂直地面，进入平板式。深度启动核心，于双臂中间位置屈曲左膝，同时尽量向胸部中间靠拢。另外，向后向上抬高左腿。换边练习，抬膝时注意保持节奏，同时加快速度，达到加强心肺功能的目的。

366 高位平板支撑训练

在日常训练中引入高位平板式是很不错的，通过这种静力训练不仅能稳定核心，还能强化全身肌肉。训练高位平板支撑时，可借助平衡球、加高阶梯、瑞士球完成，受地点限制少。另外，在做平板式时还可负重，以此增加难度。

- 伸直手臂进入平板式，通过双手和前足掌保持身体平衡。
- 深度挤压腹肌，使其远离地面。
- 伸展脊柱，尽量向相反的方向延伸头部和双足。

367 高位平板式伸腿训练

带动身体进入直臂式平板支撑。伸直双腿，将身体重心转移至前足掌。用力挤压腹肌，向前延伸脊柱，同时向上抬高右腿。保持核心收紧，换腿，重复以上动作。

368 高位平板式屈膝抬腿训练

进入高位平板式，保持身体平衡。手掌间距与肩宽相同。深度挤压核心，屈曲右膝至胸部。保持高位平板体式，换边，抬左膝至胸部。

369 高位平板式跳跃变体训练

进入平板式，伸直双腿和双臂。重心转移至双手，向内挤压腹肌，双腿跳跃分开，与肩同宽。双腿跳跃并拢，重复以上动作。

370 高位平板式俯卧训练

进入高位平板式，通过双臂保持身体平衡。两上臂在躯干侧夹紧，缓缓下降进入低位平板式。在躯干侧上下移动双臂，保持最佳平衡。

371 四肢支撑式训练准备

通过双手和前足掌平衡身体，进入高位平板支撑。深度挤压腹肌，尽量让腹部远离地面。上臂向胸部收紧，身体向下，略微屈曲双肘。

372 上平板式训练

进行平板支撑训练的同时，促使下肢靠近上半身实属不易。不仅要求练习者能够稳定核心肌群，还要稳定髋部和骨盆肌肉。

- 双腿在体前伸直。双手放在髋部附近。
- 足跟压地，同时向上推高髋部，进入反向平板式。
- 在双手和双足跟之间保持重心平衡，尽量抬高髋部。

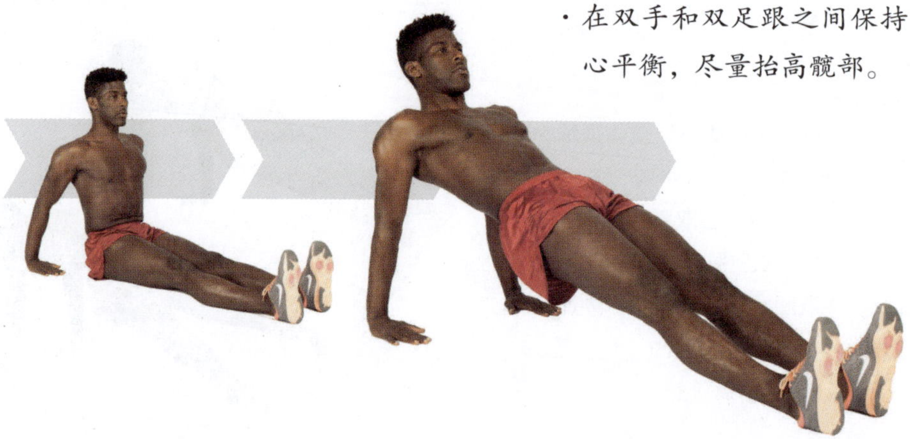

373 平板支撑向上抬腿训练

双腿在体前伸直，双手放在髋部附近。双足足跟压地，向上推高髋部，进入反向平板支撑。保持双手和双足跟之间的重心平衡，双腿轮流抬高。

374 **平板支撑向上抬髋训练**

双腿在体前伸直，双手置于体后加高的健身砖上，足后跟紧紧踩地，抬髋向上进入反向平板支撑，保持膝部屈曲。在双手和足后跟之间保持重心平衡，然后上下移动髋部。

375 **平板支撑向上跨步训练**

双腿在体前伸直，双手置于髋后。双足足跟紧紧踩地，向上抬髋进入反向平板支撑，保持膝部屈曲。在双手与足跟之间保持重心平衡，然后做上下抬腿训练。

376 **侧平板支撑训练**

以右髋侧坐姿，右手撑地向上推高髋部，进入侧平板支撑。将左臂放在左大腿上，坐下，再进入平板支撑，交替进行。换边，重复以上动作。

377 **前臂侧平板支撑训练**

以右髋侧坐姿，将右臂撑地，向上推高右髋，进入侧平板支撑。左手放在左髋侧，坐下，再进入侧平板支撑，交替进行。换边，重复以上动作。

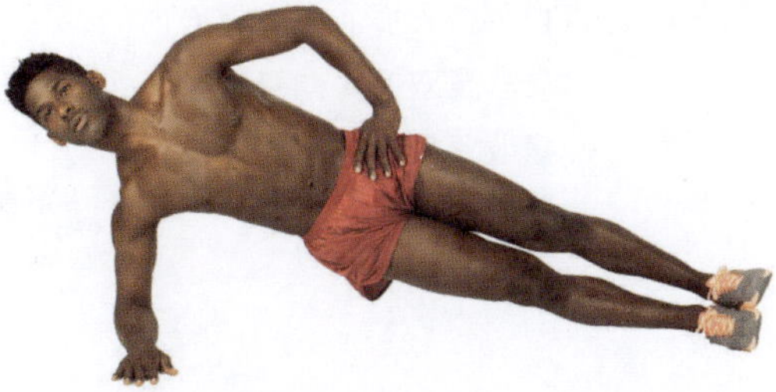

378 **前臂侧平板支撑 & 有氧阶梯抬髋训练**

以右髋侧坐姿，双足放在加高的健身砖上。右前臂撑地，向上推送髋部，借助健身砖进入侧平板支撑。将左手放在左髋上，坐下，再进入侧平板支撑，交替进行。换边重复以上动作。

379 前臂侧平板支撑提膝训练

以右髋侧坐姿，用右前臂将身体撑起离开地面，进入侧平板支撑。将左臂放在左髋上，同时屈曲左膝至胸部，再放下左膝，回归平板支撑。换边轮流进行，重复以上动作。

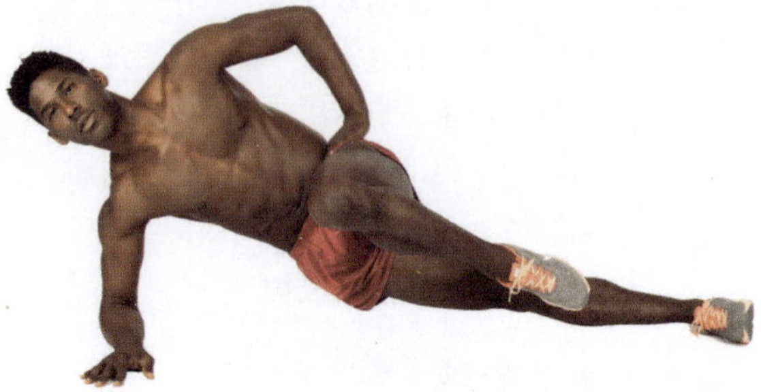

380 泡沫轴平板支撑训练

双足立于泡沫轴上。双手手掌落在地面上，蹬直双腿，进入平板支撑。通过双足前足掌和双手平衡重心，尽量收紧腹肌。

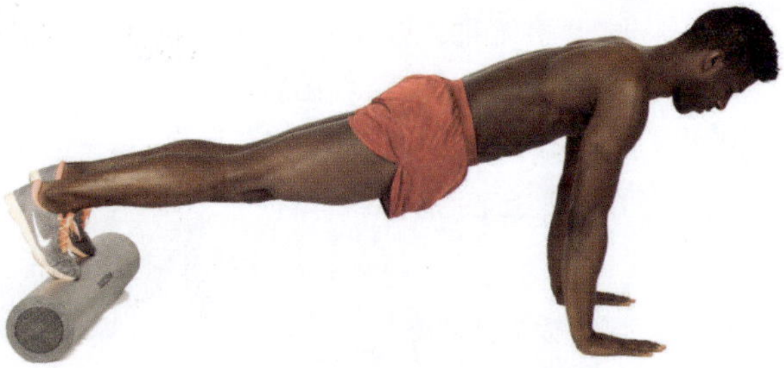

381 滚动平板支撑训练

首先屈曲双膝，双手放在泡沫轴顶部，保持平衡并进入高位平板支撑。身体重心前倾转移至双手，向脊柱方向尽量收紧核心。屈曲膝部，屈体回归跪姿。

382 泡沫轴双手平板支撑训练

首先伸展脊柱，将双手放在泡沫轴顶部。伸直双腿进入平板支撑体式。将身体重心转移至核心肌群和双腿后侧肌肉。挤压并强烈收紧腹肌。

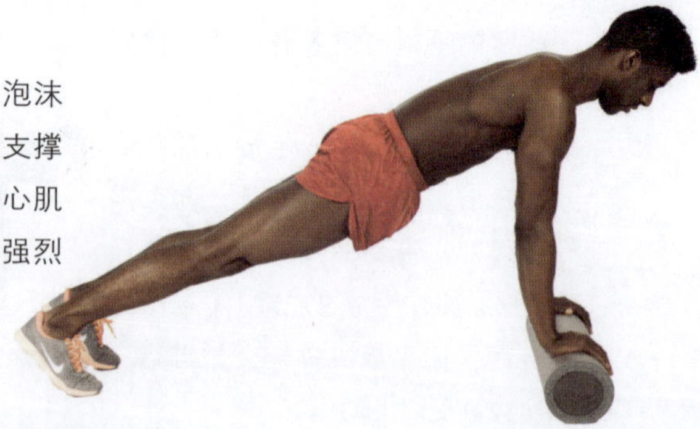

383 平衡球侧平板支撑训练

将平衡球引入平板支撑训练是增强身体自然平衡感和稳定性的绝佳途径。平衡球的不稳定性也让练习者有机会真正从深层次启动核心肌群。

- 将右前臂向下压入平衡球中心位置。
- 沿体侧挤压腹斜肌，之后以右臂支撑身体，进入侧平板支撑。
- 落髋部于地面，坐稳后再次进入侧平板支撑体式。换边，重复以上动作。

384 平衡球蜘蛛人平板支撑

将平衡球的平面侧朝下，双手放在平衡球上，进入平板支撑。用右膝努力碰触右肘，再换边用左膝努力碰触左肘，轮流进行。

385 平衡球前臂平板支撑训练

将平衡球的平面侧朝下，前臂相互靠拢且十指交叉，之后双手落于平衡球球面中心位置。双腿伸直，进入平板支撑，将重心转移至双足。尽量向内收紧腹肌并保持。

386 前臂平板支撑 & 双足平衡球训练

将平衡球球面朝上，两个踇趾立于平衡球中心处，进入前臂平板支撑。保持身体呈一条直线，尽可能长时间维持该动作。

387 平衡球侧平板支撑 & 肩部侧举训练

左前臂压在平衡球中心处，左臂向上撑起身体，进入侧平板支撑。右手握哑铃，向右侧上方举起。再将哑铃落至左肋骨下方，再往上举。换另一侧，重复以上动作。

388 单腿平衡球平板支撑训练

双臂撑在平衡球的中心，带动身体进入直臂平板式。伸直双腿，重心移交给前足掌。向内挤压腹肌，向前伸展脊柱，同时抬起右腿。换腿时注意保持核心收紧。

389 平衡球平板支撑 & 踏步训练

将平衡球球面侧朝上，双足前足掌立于球面中心处，带动身体进入前臂平板式。保持身体呈一条直线，向平衡球一侧迈出右足，再向另一侧迈出左足，然后让右足和左足先后回到平衡球上。尽可能多地重复以上动作。

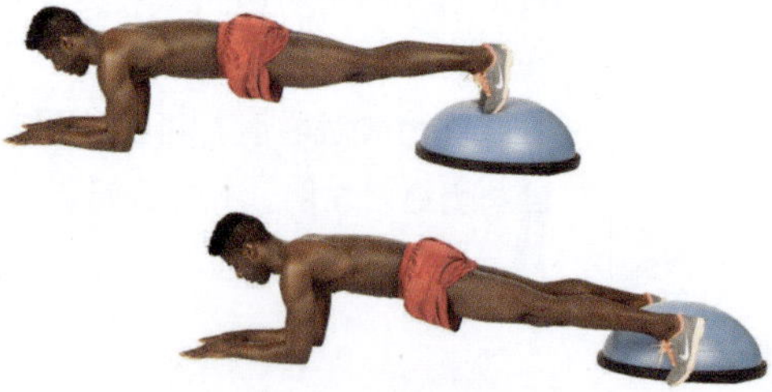

390 平衡球剪式平板支撑训练

将平衡球平面侧朝下。两前臂放在球面中心处，靠拢，同时十指交叉。伸直双腿，带动身体进入平板式。将重心移交给前足掌。双足分开，再并拢。

391 **平衡球侧平板支撑抬腿训练**

将平衡球平面侧朝下放置。左前臂放在球面上，撑起，带动身体进入侧平板式。上下摆动右腿，高度不得超过髋部。换边，重复以上动作。

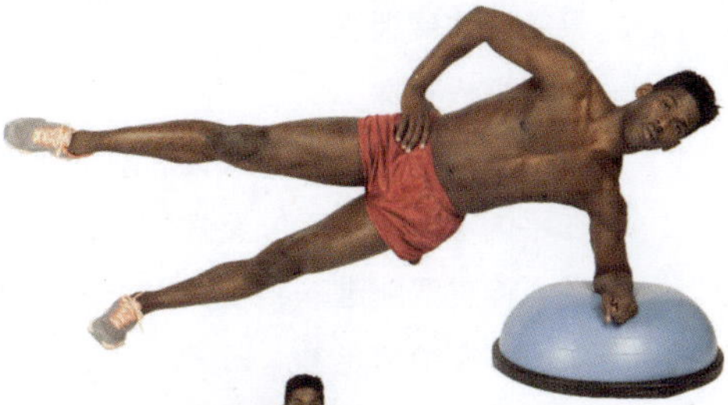

392 **侧平板支撑抬髋和手臂平衡球训练**

以左髋侧坐姿，左前臂放在球面上，用力撑起，带动髋部向上，进入侧平板式。右手放在右髋上，交替坐下和向上进入侧平板式。换边，重复以上动作。

393 **侧平板支撑抬髋和双足平衡球训练**

双足放在球面中心位置，进入侧前臂平板支撑。另一侧手放在同侧髋部，依次放下和抬起髋部。这是稳定下背部和核心的绝佳练习。

394 侧平板式抬髋抬腿加手臂训练

引入平衡球后，该平板式变体训练不仅能稳定核心，同时还能稳定肩部和肩袖肌。通过在可移动的平面上（如平衡球）进行训练，能够挑战练习者的平衡感，使其有机会增强自身的稳定性。

- 左臂放在球面中心位置，撑起身体进入侧前臂平板式。
- 将右手放在右髋上。
- 推动髋部进入侧平板式，同时向上抬高右腿。
- 收回右腿，落髋部回地面。换另一侧，重复以上动作。

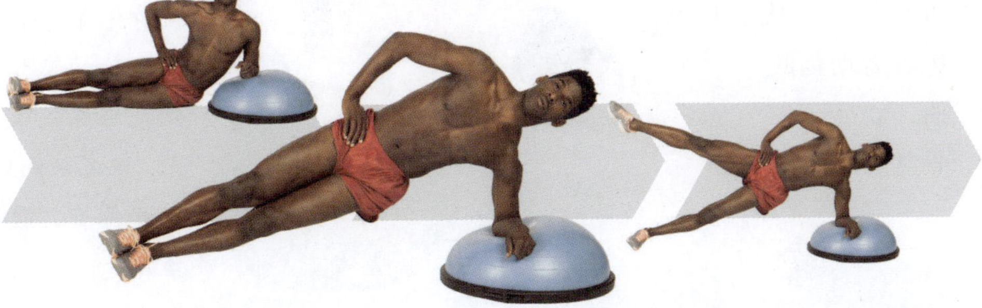

395 平衡球伸展训练

手臂平板支撑

将平衡球平面侧朝下放置。双手手掌在平衡球球面中心位置靠拢，伸直双臂。伸直双腿进入平板支撑，将身体重心移交给前足掌。

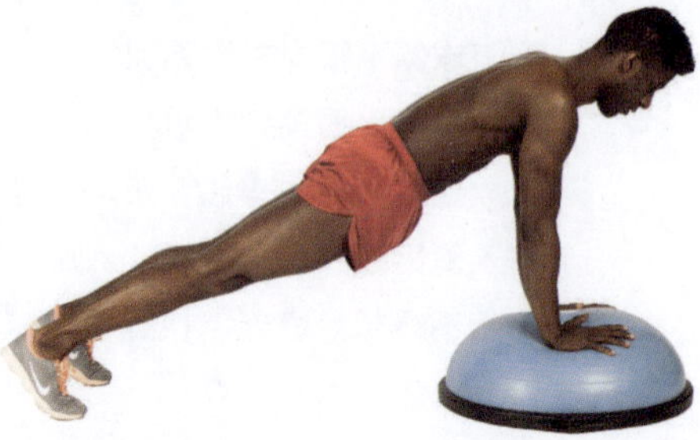

396 瑞士球胫骨平板支撑

将胫骨放在瑞士球上。双手手掌撑地，伸直双腿，进入平板式。通过双腿胫骨和双手平衡身体重心。收紧腹肌。

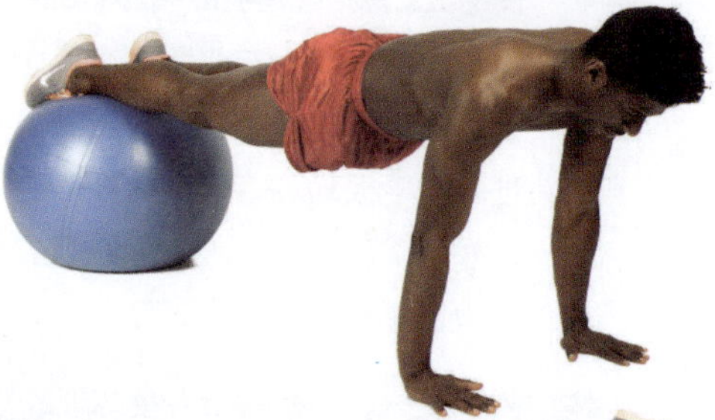

397 瑞士球平板支撑抬腿训练

伸直双臂，带动身体进入直式平板支撑，用瑞士球支撑胫骨。伸直双腿，将重心交给双手。用力向内挤压腹肌，向前伸展脊柱，同时抬高右腿。换腿时保持核心收紧。

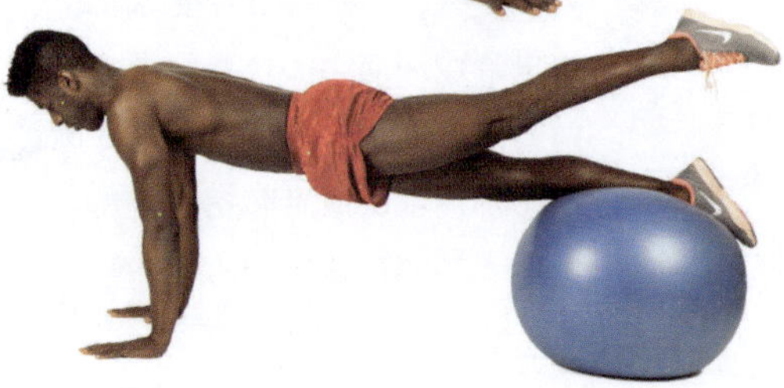

398 瑞士球前臂平板支撑

该前臂平板式变体训练引入了瑞士球，不仅能稳定核心，还能稳定肩部和肩袖肌。在移动表面上训练时，练习者的平衡能力得到锻炼，有机会增强身体稳定性。在这里，可将瑞士球作为移动道具，利用下半身对其进行控制，从而帮助练习者增强腹肌，稳定骨盆。

- 将前臂固定放在瑞士球的中心。双足与球在同一直线上。
- 深入激活你的核心，使身体保持平衡。
- 确保你的身体从头到足踝在一条直线上。双足压向地板，双腿伸直，腹肌收紧。

399 瑞士球健身带伸展训练

将健身带套在双足足踝处，前臂放在瑞士球中心位置，带动身体进入前臂平板式。伸直双腿，同时前臂用力向下压紧瑞士球，依次抬单腿再放下。在这一过程中，注意与健身带对抗发力。

400 瑞士球手行训练

伸直双臂，进入长平板支撑。稳定髋部，用瑞士球支撑双腿胫骨，下半身抬高悬空。保持平板式，用力收紧腹肌，移动双手向右，再向左，再做俯卧动作。

401 瑞士球扭转行走训练

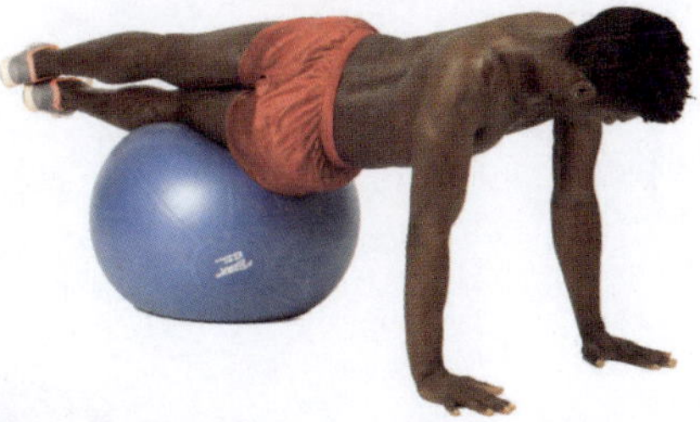

将瑞士球放在膝部下方，带动身体进入延伸平板式。向内收紧腹肌，使其远离地面。向右打开髋部并保持。用力收紧腹肌，向右侧移动双手，再向左侧移动，交替进行。

402 瑞士球双手爬行训练

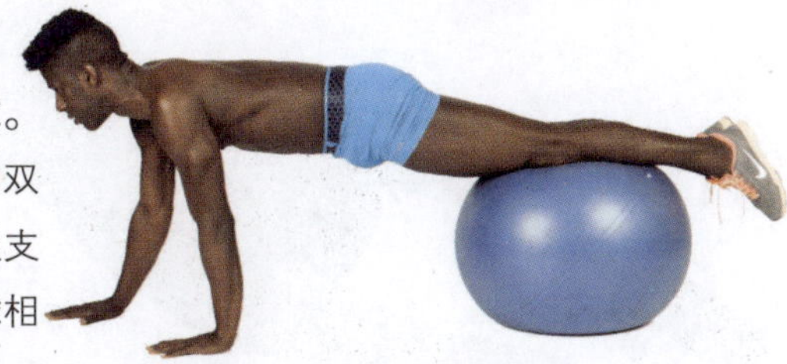

伸直双臂，带动身体进入长平板式。稳定髋部，借助瑞士球支撑双膝和双腿，使下半身悬空抬起。保持平板支撑，用力收紧腹肌，轮流向瑞士球相反和相同的方向移动双手。

403 瑞士球平板支撑踏步训练

双足足背放在瑞士球球面中心位置，带动身体进入延伸平板式。保持身体呈一条直线，迈左足向瑞士球一侧点地，再迈右足向另一侧点地。依次收回双足于瑞士球上。尽可能多地重复以上动作。

404

游泳式训练

正确姿势

向内收紧腹肌，用力收紧，使其离开地面，确保前腹肌和地面之间保持距离。

注意

进行游泳式训练时，注意放松颈部和上肩位置。

该变式动作借助练习者自身重量来拉伸脊柱，启动核心和背部肌肉，同时拉伸双腿和整个身躯。如果练习者腰痛或手肘痛，无法在训练中长时间保持身体平衡或平板支撑，可尝试该项练习。

- 面部向下贴地，伸直双臂越过头顶，伸直双腿。
- 向背部收紧腹肌，抬右腿离地，同时向前伸左臂。
- 快速换手臂、换腿上下摆动训练，想象自己在游泳，找到反向拉伸的感觉。

注释
粗体字表示目标肌肉
黑体字表示其他工作肌肉
* 表示深层肌肉

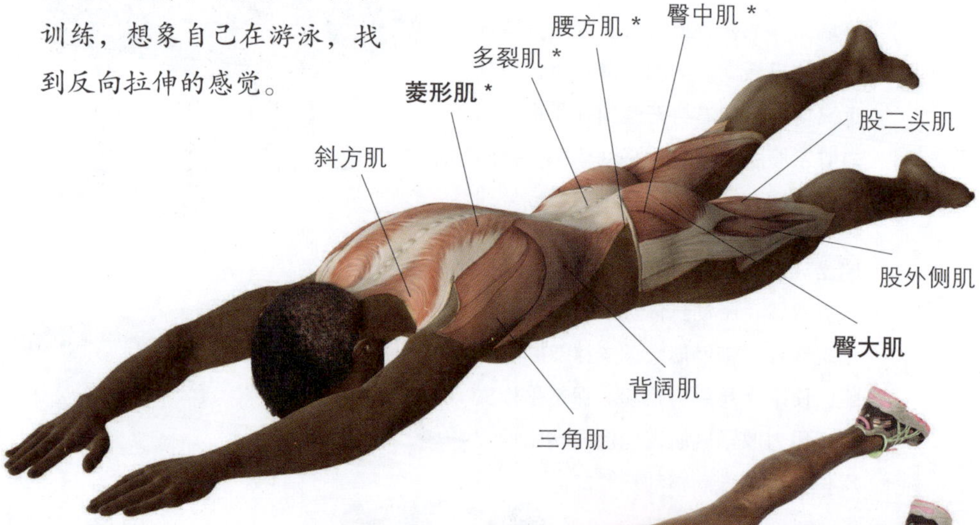

405 超人式训练

在瑜伽垫上伸直身体，双臂越过头顶靠拢，双腿相互靠拢，直至大腿内侧相互紧紧挤压。有力启动背伸肌和腹肌，同时抬起双臂和双腿。

406 俯卧足跟拍打训练

保持身体平衡、收紧、伸直，仅能移动双腿下半部分做拍打足跟的动作，该动作能够很好地锻炼双腿，稳定核心。在该项足跟拍打变式训练中，练习者需要保持身体静止不动，仅移动足跟互相拍打。

- 面部贴地平躺。
- 用力挤压腹肌，启动双腿后侧肌肉，身体离开地面进入超人体式。
- 双手放在躯干两侧。
- 双足足跟相互靠近拍打，再打开。

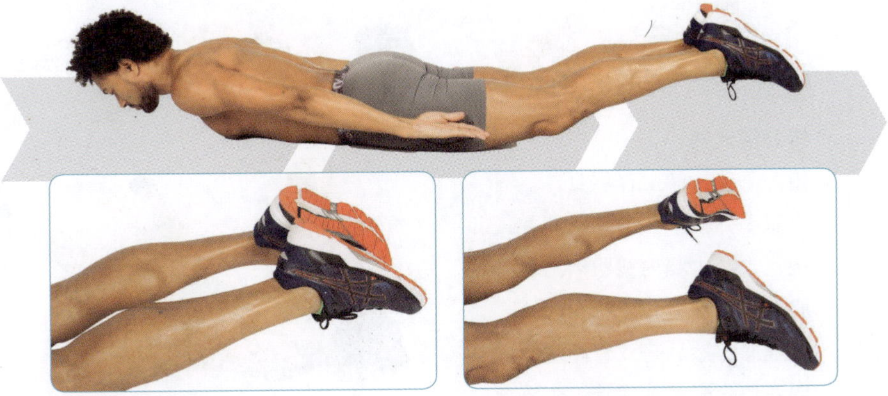

407 高阶超人训练

俯卧在地板上。屈曲双臂，将双手放在头颈部两侧。用力收紧大腿内侧肌肉，同时腹肌发力，将躯干和双腿同时向上抬离地面。

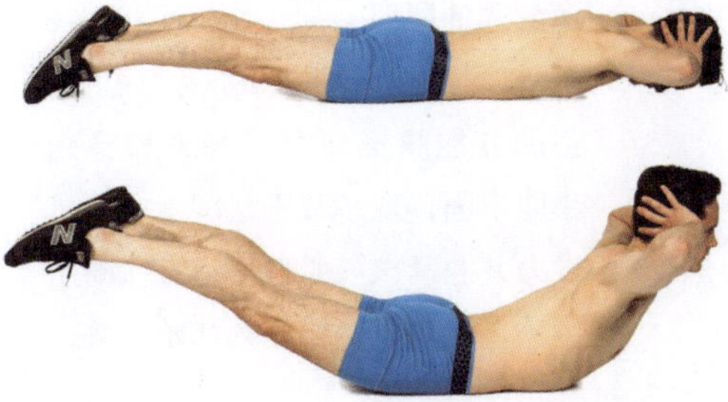

408 负重超人训练

使用重力球进行负重超人训练（#407）。双手持球俯卧于地板上，双臂向前，双腿向后，将身体两端抬离地面。

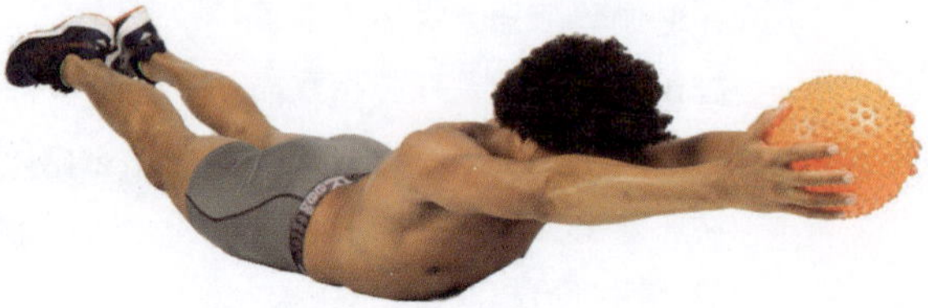

409 伸展传球训练

在该变式动作中，你将使用与超人训练、俯卧足跟拍打和游泳式训练相似的肌群。伸展身体并将身体两端抬离地面，当身体完全伸展时，保持这个姿势，将球在双手之间来回传递。

- 手持重力球进行高阶超人训练（#407）。
- 双手持球俯卧于地板。
- 双臂向前、双腿向后，将身体两端抬离地面。
- 身体完全伸展时，打开双手，将球在双手之间来回传递。

410 俯卧雪天使

俯卧于瑜伽垫上伸展身体。将双手并拢于头顶，双腿并拢，收紧大腿内侧肌肉。腹肌发力，双臂和双腿一起抬离地面。然后将双臂和双腿向两边张开，并保持这个姿势。

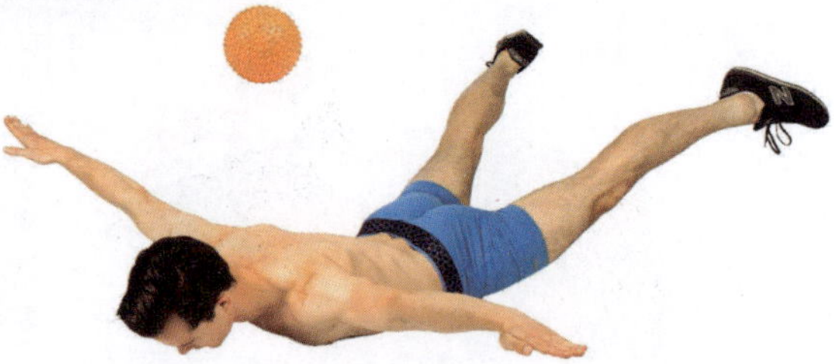

411 海豹式伸展

端坐，双足置于地板上，背部挺直。抬腿并屈膝呈 90° 。将双臂穿到小腿下面，双手放于足踝上。腹肌发力并收紧核心肌群，让身体向后滚动，然后迅速恢复到初始姿势，并且保持平衡。

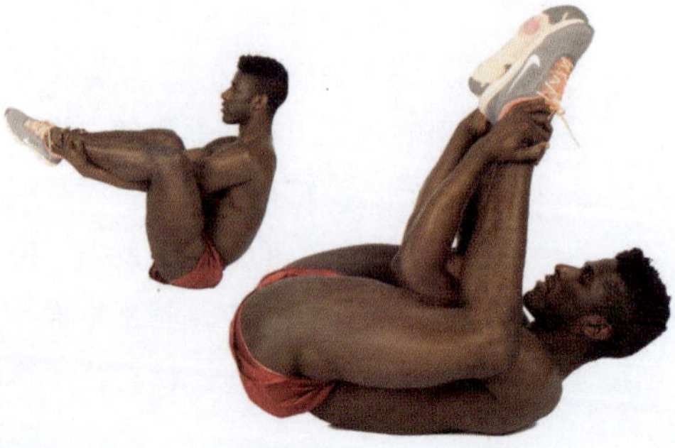

412 平衡球超人训练

俯卧于腹肌下方的平衡球上，屈曲双臂，将双手放在头颈后面。收紧大腿内侧的肌肉，背伸肌和腹肌发力，同时将躯干和双腿抬离地面。

413 俯卧眼镜蛇式

俯卧于瑜伽垫上，伸展身体。双手并拢放于头顶，双腿并拢。收紧大腿内侧肌肉，背伸肌和腹肌发力，同时将双臂和腿部抬离地面。

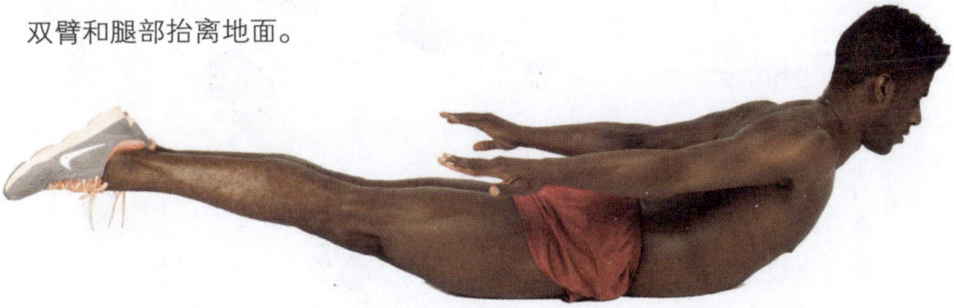

414 俯卧躯干提升

俯卧在瑜伽垫上伸展你的身体。将双臂贴近身体两侧，掌心向下，双腿并拢，收紧大腿内侧肌肉。腹肌发力，使躯干向前向上抬离地面，形成一个高拱形。

415 手臂牵引式

本式类似于俯卧眼镜蛇式。双手抱头，双腿用力并拢。背伸肌和腹肌发力，同时将双臂向后方和两侧抬起，双腿一起抬离地面。

416 毛巾屈臂式

在地板上铺一条小毛巾。双手放在毛巾上，与肩同宽。双臂伸直，做平板支撑姿势。屈曲双臂，随着身体降低，将放于毛巾上的双手靠拢，然后伸直双臂，将双手分开。

417 俯冲轰炸机式

首先做高位平板支撑姿势(#366)。收紧核心肌群，在臀部位置屈曲身体，躯干完全伸展，呈下犬式。然后屈曲双臂，将臀部向前推，同时将头部从双臂间向下沉，然后抬头，与躯干呈高拱形。

418 俯卧举臂式

俯卧于地板上，手臂伸展至头顶，腿部伸展。用力收腹，向前伸出右臂，抬离地板并保持，然后放下右臂，左臂开始重复右臂的动作。

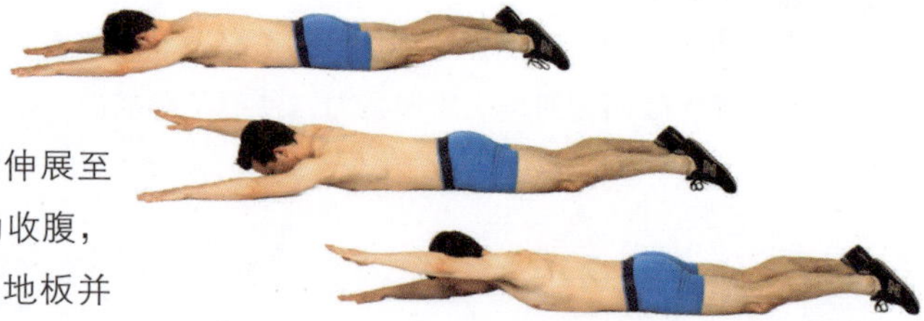

419 仰卧踢腿式

首先仰卧于地板上，背部伸直。将双臂置于身体两侧，伸直双腿并以较小角度抬离地面。保持腿部伸直，两侧足踝上下交叉移动。

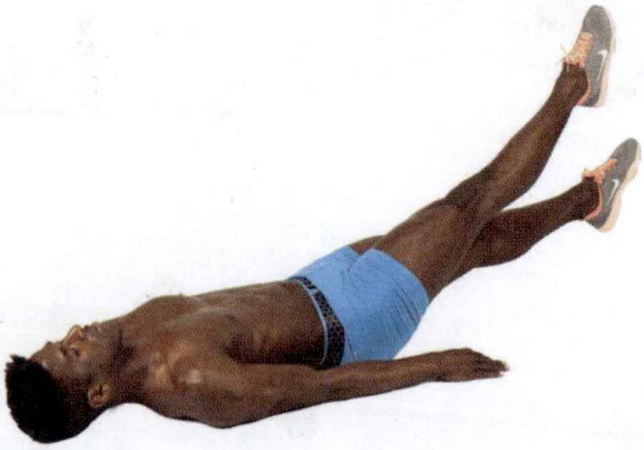

420 瑞士球旋转背部拉伸

本节使用瑞士球做向后卷腹训练，这样就使得下背部和核心肌群在一个软的并且不平衡的表面保持稳定状态。瑞士球提供一个不稳定的支撑，以帮助训练核心肌群和下背部的平衡能力，也会加强腹肌的锻炼。

- 首先俯卧于腹部和臀部下方的平衡球上。
- 双手置于头后，双腿分开与肩部等宽。
- 腹肌发力，将上半身抬离瑞士球。
- 先向右旋转，再向左旋转。展开身体每一面，并深入斜向运动。

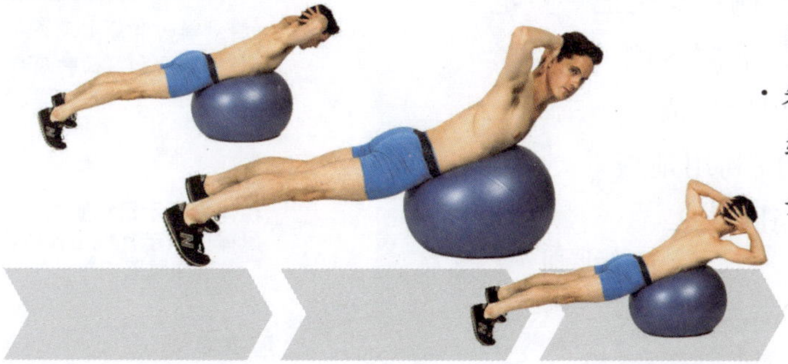

421 负重球足跟拍打

首先俯卧于地板上。在骨盆下方放置一个负重球，腹部紧压负重球，动员腿部后侧的肌肉。将上半身抬离地面做前臂平板支撑姿势。将两个足后跟反复靠拢、分开。

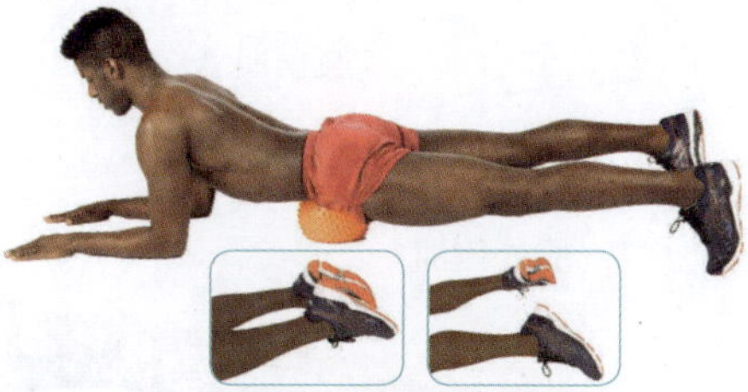

422 平衡球背部伸展

俯卧于腹部和臀部下方的平衡球上。双手抱头放于脑后，双腿并拢。腹肌发力，将上半身抬离地面，同时保持双足在地板上。

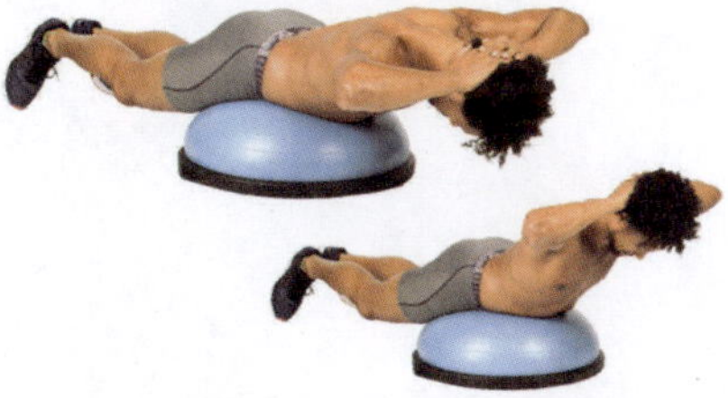

423 平衡球肩举

首先站立在平衡球上，双足分开与髋部等宽，手握哑铃向两侧张开双臂。反复做手臂抬起放下动作。保持核心肌群的紧固，手臂始终保持在胸部高度。

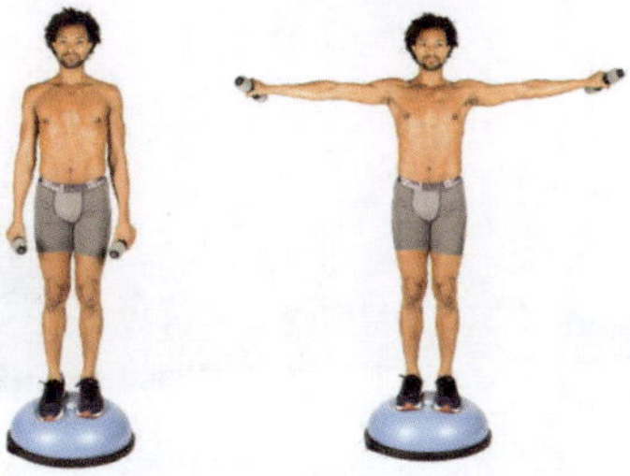

424

侧抬腿

正确姿势

该动作要求绝对稳定，移动的越少越好。腹肌用力收紧，每次只运动一条腿。

注意

臀部不可以向后或向前移。保持臀部垂直，与核心肌群和前面的肩部齐平。

“Passé”一词来源于法国古典芭蕾舞术语，意为“通过”。侧抬腿是把一只足绷紧足尖高高抬起，沿着腿内侧，以绷紧的状态运动，在膝部内侧形成一个三角形。在该动作中，应利用地板受力来分离运动，以稳固骨盆和髋关节。

注释

粗体字表示目标肌肉

黑体字表示其他工作肌肉

* 表示深层肌肉

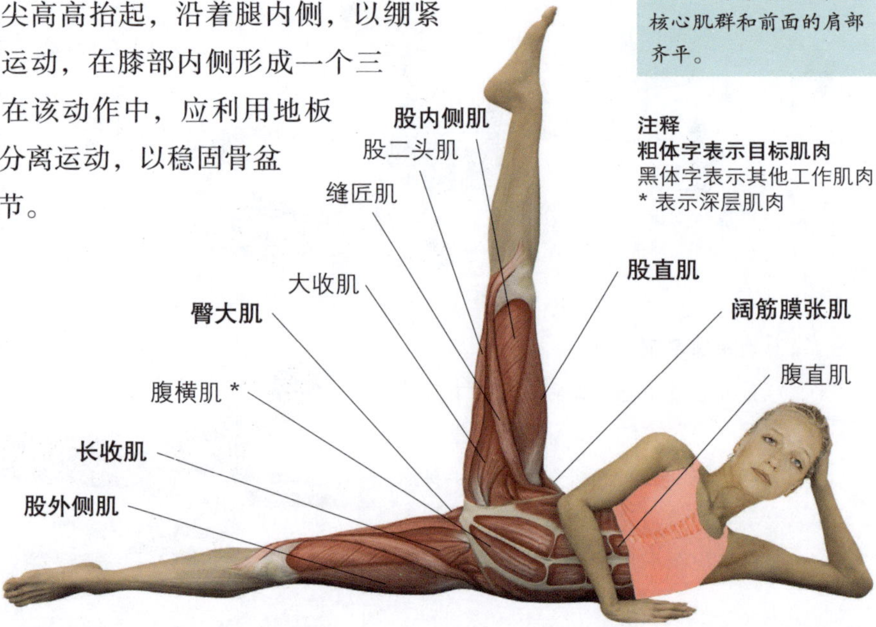

- 左侧卧位，左臂支撑头部，右臂放于胸前保持平衡。
- 伸展左腿，并将右腿叠放在左腿上。
- 沿着左腿内侧移动右足。
- 当右足到达左腿膝部位置时，抬起右腿，伸展右腿并抬高到最右侧。

425 体侧屈

首先右侧卧位。右手放在头后，左臂伸展。勾足背，腹肌发力，将双腿抬起，左侧卷腹。放下，重复以上动作，然后换边。

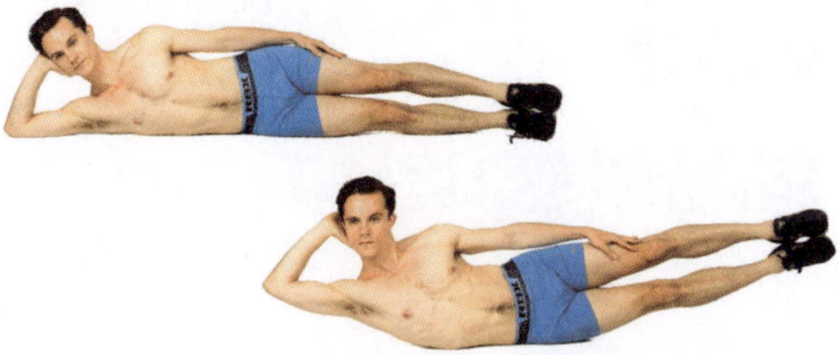

426 跪姿侧抬腿

双膝跪地，重心在双膝之间。双手抱头并将重心放在身体右侧。从臀部开始伸展左腿，收腹，将左腿抬离地面。然后换边，重复以上动作。

427 上身侧屈

首先右侧卧位。右手放于枕后，左臂伸展。勾足背，腹肌发力，将上半身抬离地面，做左侧卷腹。重复，然后换边。

428 蛤壳系列

首先左侧卧位。将左前臂放在地板上，支撑上半身。膝部在臀部后方呈直角，勾足背。腹肌发力，抬足，打开膝部。放低，重复，然后换边。

429 侧卧髋外展

首先右侧卧位。将右手放在头后，左手放在髋部。向后收紧核心肌群，伸展左腿，抬高左腿到臀部位置，然后放下。重复，然后换边。

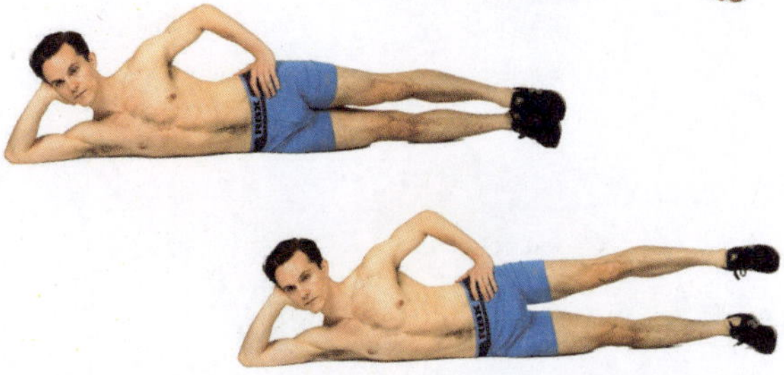

430

斜向侧转身运动

正确姿势
在做侧转身动作时，注意保持双腿用力并拢，并且腹肌收紧。

注意
不要耸肩到耳郭的高度。肩部下沉，保持平衡。

几乎所有以腹部为中心的锻炼都会有本节所述的核心肌群的训练，比如瑜伽、普拉提、芭蕾和健美操。它的重点是当你转向任何一边，慢慢将脊柱弯下来时，要保持核心稳定在一个固定的位置。做这个动作不仅能稳定核心，还会增强骨盆和腰部的稳定性及力量。

注释
粗体字表示目标肌肉
黑体字表示其他工作肌肉
* 表示深层肌肉

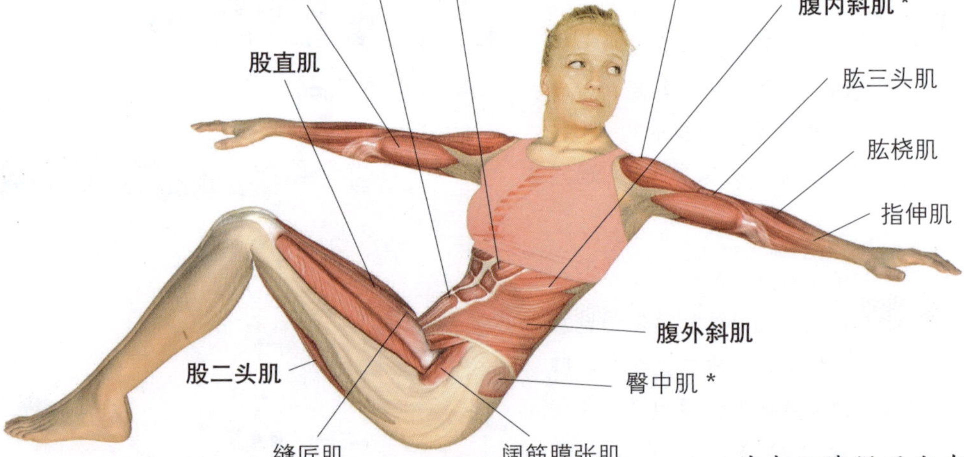

- 首先双膝微屈坐在地板上。
- 双足平放于地板上。
- 张开双臂，使上身垂直面向前方。
- 将身体向左并朝向地面旋转。换边并重复。

431 球式滚动

首先坐在地板上。将双腿抬起并屈膝呈 90° ，手臂穿过大腿下面，双手抓住膝部后面。腹肌发力并收紧核心肌群，将身体向后翻滚，然后迅速恢复到翻滚前的姿势并保持平衡。

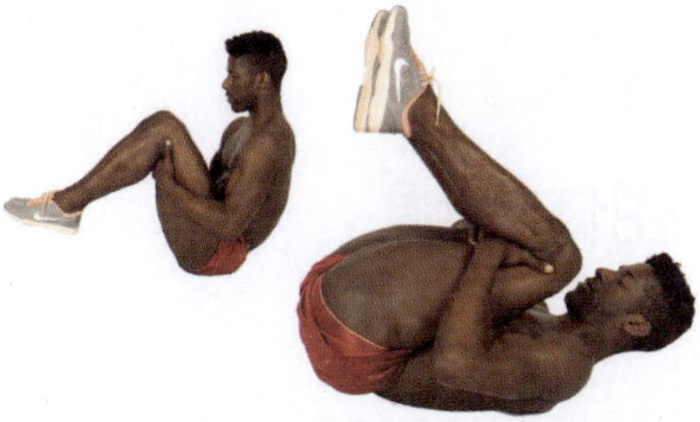

432 下卷腹

首先以标准的仰卧起坐起始姿势躺下。双腿并拢，双手放在身体两侧。核心肌群发力并收紧下腹部肌肉。将双手向前抬起，身体抬离地面坐起来，然后卷腹并重复以上动作。

433 半弯举

首先仰卧于地板上，双膝屈曲，双足平放在地板上，双手放在身体两侧。腹肌发力，向胸部方向收下颌，身体屈曲并将上背部抬离地面。

434 拉颈

拉颈运动源于普拉提，这是一个初学者的版本。拉颈运动是一种“外滚”，它可以很好地训练那些深层内部核心肌群，并且增强下背部的稳定性。颈部拉伸也可以很好地改善姿态，提高平衡感，并且减少背部疼痛。

- 首先仰卧于地板上，身体伸展。
- 双腿并拢，双手抱头将颈部支撑住。
- 动员核心肌群，收紧下腹部肌肉。将上背部抬离地面，向下够到躯干，连接脊柱的每个关节。

435

屈体抬腿

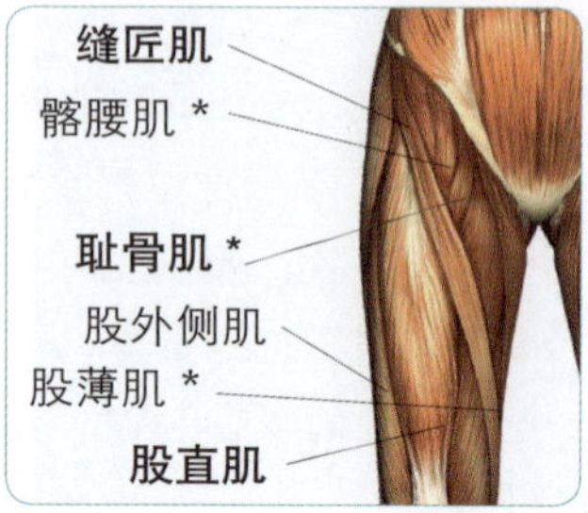

屈体抬腿是一个非常具有挑战性的动作，在普拉提和瑜伽的常规动作中都能使用到。从一个较低的伸展身体位置向上拉伸双腿，需要有腹部力量、平衡感和柔软的脊柱。把这项运动加入你的日常锻炼中，可增强整个脊柱的核心力量和稳定性，并通过将身体上下颠倒来帮助放松神经系统。

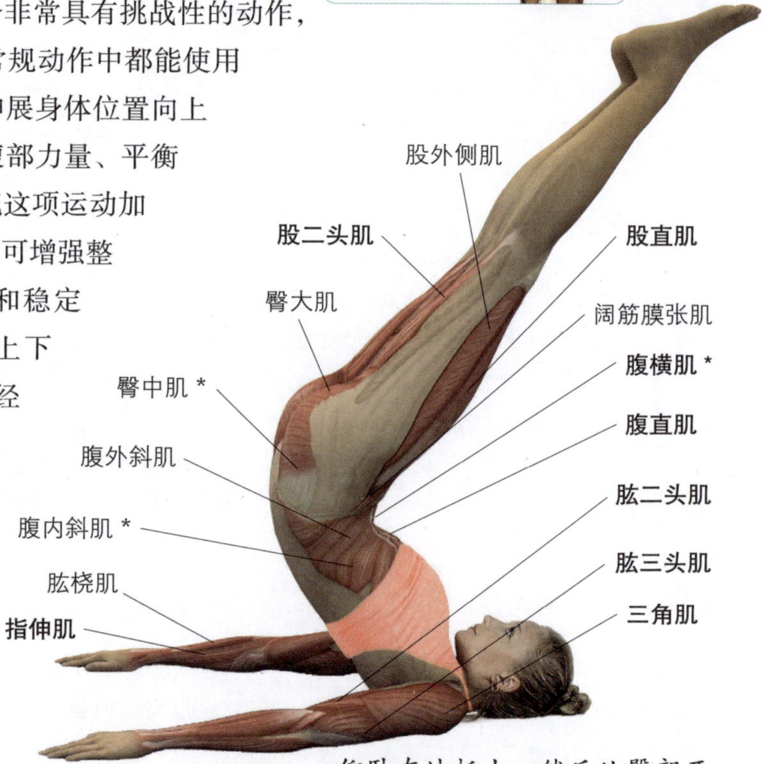

正确姿势
在将身体抬离地面并举高之前，需将整个背部与地面齐平。

注意
躺在地板上时，不要把腿放得太低，要保证腹肌能够保持拉向身体内侧。

注释
粗体字表示目标肌肉
黑体字表示其他工作肌肉
* 表示深层肌肉

- 仰卧在地板上，然后从臀部开始伸展双腿并举高。
- 下腹肌放松，双腿和足尖向下。
- 保持背部和臀部平躺在地板上，收腹，将双腿抬起来，臀部抬起，然后是背部，向上抬高至超过头顶。整个过程保持双腿的轨迹朝向天花板拉伸。
- 慢慢恢复到开始位置的过程中，控制好脊柱的下降。

436 **螺旋运动**

上身平躺，从臀部以下向上伸展双腿，收腹，将双腿向下倾斜 45° 。动员双腿及核心肌群，并将双腿同时向左侧倾斜，直至比地面稍高的高度。然后抬起双腿，向右倾斜，最后把双腿抬高到初始的中心高度。

437 **仰卧交叉抬腿**

身体完全伸展，平躺于地板上。收紧下腹部，向前伸展手臂，进行伸腿卷腹。将双腿抬离地面，并将左腿朝胸部方向抬高。双手同时伸向左腿，并将左腿扳向胸部方向。然后换右腿，进行相同的动作。

438 双腿屈曲挤压腹肌

双膝向上抬起，超过臀部高度并保持平衡，以收紧核心肌群。同时通过大腿肌使背部伸展。将双膝举到胸前，同时朝双膝挤压核心肌群来训练腹部斜肌和腰部肌群。

- 以脊柱在地板上的轴线将双手对称放在两侧。
- 将双腿在臀部上方同时屈曲 90° 。
- 进行仰卧起坐以收紧腹肌。
- 朝双膝进行仰卧起坐时，用双手按压股四头肌。

439 **45° 抬腿**

身体完全伸展，平躺于地板上。收紧下腹部，向前伸展手臂，进行伸腿卷腹。将双腿抬离地面，并将左腿朝胸部方向抬高。双手同时伸向左腿，并将左腿扳向胸部方向。然后换右腿，进行相同的动作。

440 仰卧举腿

从臀部以下将双腿垂直向上抬起，收紧下腹部，然后保持双足背屈，并收回双腿。保持胸部和臀部静止以再次拉伸腹部，然后继续抬起双腿。

441 开腿式摇动

当进行滚球式、海豹式及本项普拉提动作时，一定要向内收紧腹肌。任何姿势的过度屈体或过度拉伸都可能会导致拉伤或者背部疼痛。

- 以坐立姿势开始，抬起双腿，呈 V 字形。
- 向双足伸出双手，并抓紧足踝。
- 挤压腹肌，并收紧核心肌群。
- 让身体向后摇动，然后滚回中部。
- 迅速恢复到初始位置，并保持平衡。
- 重复该动作，并在每次动作中分开双足，逐渐增加双足之间的距离。

442 挤柠檬式

首先仰卧在地板上。双手垫在后腰上，然后屈曲左腿，并向上收紧下腹肌。注意不要用手把身体推高， 只可以让核心肌群来发力，然后屈曲右腿，重复之前的动作。

443 交叉伸展式

屈曲双腿，与臀部呈 90°角，保持卷腹姿势，然后开始伸展右腿，使右腿与地板平行，并且将上身转向抬起的左腿，将左膝伸向胸部，然后换边。

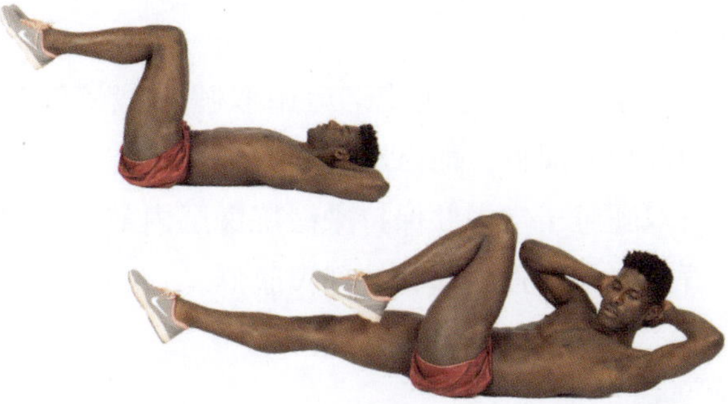

444 百次拍击一式

百次拍击是源自普拉提的一项动作，适用于初学者。首先，以标准的仰卧起坐姿势躺下，双腿并拢，双手放于躯干两侧，收紧下腹肌。向前伸展双臂，使双臂抬离地面，转换为卷腹姿势，并保持此姿势。

445 百次拍击二式

首先，以标准的仰卧起坐姿势躺下，双腿并拢，双手放于身体两侧，收紧核心肌群，将双腿抬离地面，并屈曲呈直角。向前伸展双臂，使双臂抬离地面，转换为卷腹姿势，并保持此姿势。

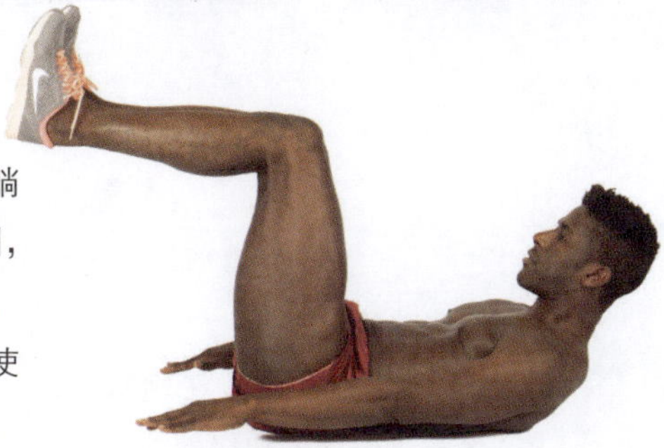

446 悬体一式

平卧，抬高双腿，与臀部呈 90° 。收紧下腹肌，把双腿伸向空中，足趾绷直。沿着双腿向前伸展双臂，使躯干与双腿呈高V字形。

447 悬体二式

本动作姿势优美，运用双腿来锻炼深层内部核心肌群，而该肌群通常较难锻炼。通过将双腿悬于空中并保持来锻炼深层内部核心肌群，以此增强内部和外部腹肌群。

- 平卧，从臀部以下伸展并将双腿悬于空中。
- 收紧下腹肌，降低双腿，并将双臂抬离地面。
- 背部平躺在地板上，保持臀部静止，再次拉伸腹肌，沿着双腿伸展双臂，与双腿呈高 V 字形。

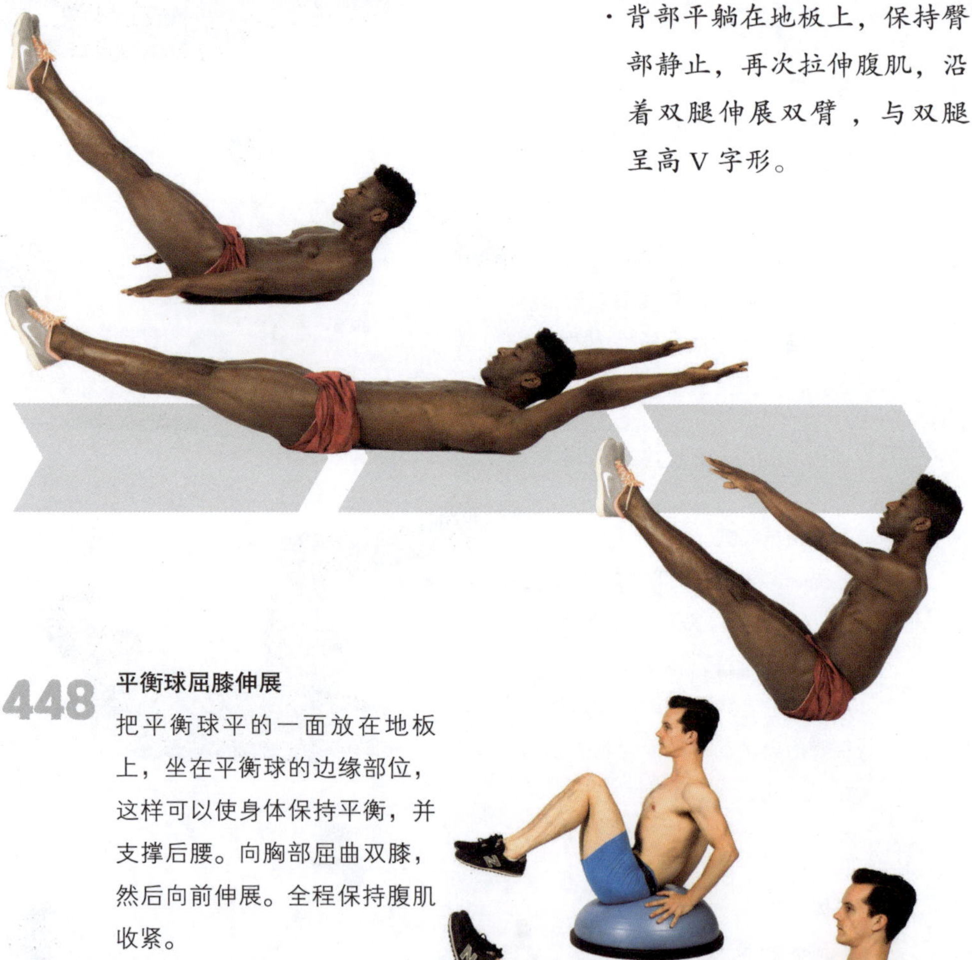

448 平衡球屈膝伸展

把平衡球平的一面放在地板上，坐在平衡球的边缘部位，这样可以使身体保持平衡，并支撑后腰。向胸部屈曲双膝，然后向前伸展。全程保持腹肌收紧。

449 平衡球单腿腹肌伸展

平卧，用平衡球支撑上背部。双腿并拢并屈曲，与髋部呈90° 。保持卷腹姿势，伸出右腿，将上身朝左腿抬起。换边，重复该动作。

450 瑞士球卧式旋腿

平卧，从臀部以下伸展双腿，用双腿夹紧瑞士球，收紧腹肌，绷直足尖，放低双腿，然后两边交替旋转瑞士球。背部平躺在地板上，保持髋部静止，继续拉伸腹肌，抬起双腿。

451 瑞士球对折

首先，保持平板支撑姿势，双臂完全伸展，双足背放在瑞士球上。向上向内收缩腹肌，并在瑞士球上向胸部方向移动膝部。再向后缓慢伸展双腿，并重复此动作。

第三章

核心瑜伽训练

本训练将身体分为两部分：上半身和下半身。上半身包括头部、颈部、肩部、胸部和背部肌群，以及所有相关器官。下半身包括腹部、脊柱、骨盆、大腿、臀部、膝部、小腿、踝部和足。本章所述瑜伽训练旨在平衡身体的两部分，以及使人身心合一。将瑜伽与锻炼结合起来，使你能够在锻炼核心肌群时运用呼吸。呼吸、伸展和形象化都是该训练的重要组成部分，能够使瑜伽训练更加丰富和富有成效。

452

战士一式

战士一式是瑜伽课程的第一课。该姿势包含各种等距训练，以保证身体平衡。双腿呈弓字步，双臂高举过头，收紧腹肌，屈膝，目视前方。该动作在伸展中结合了弓箭步的元素。

注释
粗体字表示目标肌肉
黑体字表示其他工作肌肉
* 表示深层肌肉

正确姿势
一定要保持腹肌伸展，后腰挺直，并目视前方。

注意
不要让前膝屈曲超过 90° 。确保前屈的膝部与前足在一条直线上。

- 首先，左腿向前迈出一大步。
- 左足足趾朝前，右足与臀部呈 45° 。确保左足与右足在同一条直线上。
- 左膝前屈呈直角。
- 双臂高举过头顶。换腿，以右侧姿势重复战士一式。

453 束角式

首先，右足向前迈出一大步。右足足趾朝前，左足与臀部呈 45° 。右膝前屈呈直角。将右臂抱紧右大腿下部，左臂从身后穿出，触及右手。换边，重复该动作。

454 战士一式：后弯

右腿向前迈出一大步，保持战士一式的姿势。上身向后弓起，目视右肩后部。将左手放于左膝后侧，把右臂向头后伸展，并将右手拇指和食指指尖接触。换边，重复该动作。

455 战士一式：扩胸束手

该动作能够很好地帮助稳固腿部，并伸展身体前部。通过向后弓身，伸展腹部、胸部和颈部，以彻底伸展身体的前部和后部。

- 右腿向前迈出一大步，保持战士一式的姿势。
- 十指交叉，向上向后弓身。
- 深屈右膝，向身后伸展双臂，直至双臂与身体形成完整的弓形。
- 把注意力集中在身后的某一点。换边，左腿向前，重复该动作。

456 叩首反祈祷战士式

首先，左腿向前迈出一大步。双手放在背后，并将双手合十于后背中部。屈曲左膝，并将躯干向右转动，使左肩伸向左膝内侧。换边，重复该动作。

457 俯身牛面式

首先，双腿向两侧张开。将右臂举过头顶，左臂下垂。屈曲双肘，使双手在背后相触。右膝向右侧屈曲呈弓箭步，使头顶触及前方的地板。换边，重复该动作。

458 反式战士式

右腿向前迈出一大步，保持战士一式姿势。向上向后弓身，目视右肩后部，左手放于左小腿后侧，右手伸向枕后。换边，并重复该动作。

459 趾尖战士式

右腿向前迈出一大步，保持战士一式姿势。向上向后弓身，目视右肩后部，抬起右足跟。左手前伸，左手拇指与食指指尖接触；右臂伸向枕后，右手拇指与食指指尖接触。换边，重复该动作。

460 战士二式

右腿向前迈出一大步，右足足趾朝前，左足与臀部呈 45° 。右膝前屈呈 90° 。右臂前伸，左臂后伸，并使双臂处于一条直线上。换边，重复该动作。

461 Anjani 之子扭转式

张开双腿，左膝前屈呈直角。双臂向前伸展，向左旋转躯干，使左肘到达大腿外侧。将右前臂置于左大腿下方，左臂背在身后，置于右侧臀部上方。左右手拉在一起，然后抬起右足足跟。换边，重复该动作。

462 Anjani 之子祈祷结合扭转式

该祈祷式是一个简单的深弓步，但对平衡和躯干扭转能力有较高要求，这样才能够对着屈曲的膝部令双手呈祈祷姿势。一定要将重心集中到某一点，以利于保持平衡。

- 张开双腿，左膝前屈呈直角。
- 向前张开双臂，向左扭转躯干。
- 以臀部为轴向前屈身，将右前臂置于左膝下方。
- 把左手放在右手上方，做祈祷姿势，然后换右腿，重复该动作。

463 格斗战士二式

右腿向前迈出一大步。右膝前屈呈直角，左腿向后屈曲呈直角。向左扭转躯干，将右肘放在右膝上，并沿对角线方向伸展左臂。然后换左腿，重复该动作。

464 叩首战士二式

左足向前迈出一大步，并将左膝屈曲呈直角。双臂向前张开，然后双手紧扣在臀部后面，并将臀部以上的躯干向前屈曲，使头部碰到左足内侧。松开双手，将左臂从左大腿下部穿过，然后绕左膝重新扣住右手。换边，重复该动作。

465 叩首战士二式，结合上锁手式

该叩首战士二式有助于伸展股后肌群、小腿、下背部和肩部。如果发现双手后扣有困难，请将双手放在髋部来进行该动作。

- 首先，保持站立姿势，并将双腿向两侧张开。
- 将双手在背后扣紧。
- 以臀部为支点，向前弯腰，使头部触碰双腿之间中轴线上的地板。
- 屈曲左膝，做一个侧弓箭步。交替扣手，并换边。

466 战士三式

左腿向前迈出一大步。左足足趾朝前，右足与臀部呈45° 。将左膝屈曲呈90° 。将双臂举过头顶，抬起右足，将躯干前倾，双腿伸直。换边，并重复该动作。

467 侧臂战士式

右腿向前迈出一大步。左足足趾朝前，右足与臀部呈 45°。将左膝屈曲呈 90°。双臂举过头顶，抬起右足，使躯干前倾，双腿伸直。双臂朝右足伸展，并将拇指与食指指尖接触。换边，重复该动作。

468 战士反祈祷式

左腿向前迈出一大步，左膝屈曲呈 90°。将双臂伸向背后，做反祈祷姿势。抬起右足，使躯干前倾，然后双腿伸直，并保持平衡。换边，重复该动作。

469 半月式

左腿向前迈出一大步，屈曲左膝，双臂举过头顶，保持战士一式姿势。将左手放到地板上距离左足前方大约 60 cm 的位置。抬高右足，沿着右足方向伸展右臂。换边，并重复该动作。

470 半莲花式

站直。用左手把右足举到左大腿前方，并保持该姿势。右臂举过头顶，上身前倾，并将右足置于左腿上部，靠近臀部，双臂前伸，做前伸祈祷式。换边，并重复该动作。

471 单腿向上伸展

首先，双手举过头顶，右膝屈曲，保持战士一式姿势（#452）。将双臂前伸，并放在地板上右足前方的位置，抬起并向上伸展左腿。换边，重复该动作。

472 叩首式：单腿向上伸展

首先，双手举过头顶，左膝屈曲，保持战士一式姿势（#452）。双臂前伸，并放在地板上左足两侧。微微屈曲左膝，抬起右腿，屈曲躯干，使躯干靠近左小腿，然后抬起并向上伸展右腿。换边，重复该动作。

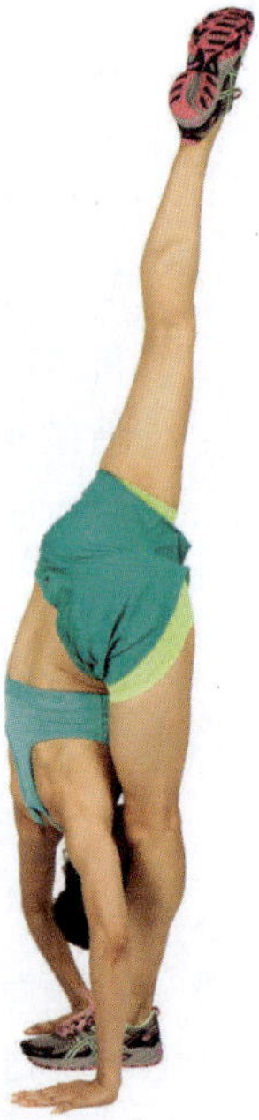

473 无支撑单腿式

首先，双手举过头顶，左膝屈曲，保持战士一式姿势（#452）。双臂前伸，并放在地板上左足两侧，抬起并向上伸展右腿。掌握平衡之后，朝着右足趾向上抬高左臂，然后以同样的方式抬高右臂。换边，重复该动作。

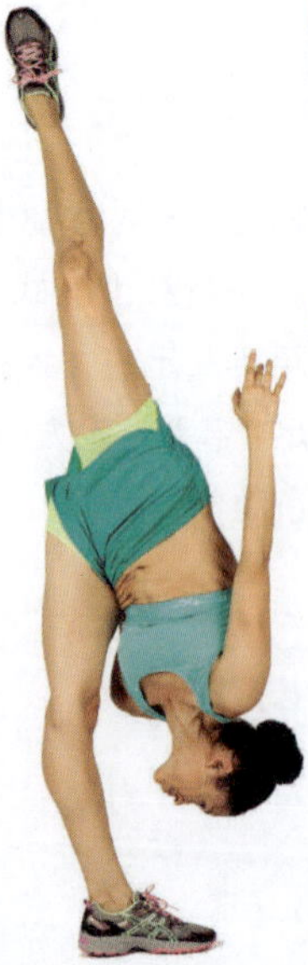

474 叩首礼拜式

叩首礼拜式是瑜伽课程中较为高阶的体式。如果能做到该体式，会通过整个腿部以及双臂、肩部给予身体深度伸展。此外，通过发现并保持平衡，能够稳固核心肌群和骨盆。祝你好运，训练时别忘了调整呼吸！

- 左腿单腿站立，将右腿屈曲呈树式，并将右足足底放在左膝内侧。
- 右手下伸，握住右足足趾。
- 用右手将右腿向一侧打开。把右手从右足趾移开，并抓住右足踝后部。
- 将左手放在髋部，躯干深深前倾，使背部与右腿呈对角线位置。
- 将左臂横过腰部，放在髋部皱褶的右前方。
- 松开右手，用右手按住右腿，把右腿往高处推。换边，重复该动作。

保持平衡

在所有的瑜伽体式中，平衡、伸展、约束和冥想对于找到焦点，不论是内部还是外部焦点，都非常重要。为了实现平衡，首先必须找到一个焦点。字面上说，就是在你前方或目视方向找到一个点。集中注意力并调整呼吸，你一定可以找到平衡。

475 基本叩首礼拜式

左腿单腿站立，右腿屈曲呈树式，并将右足底放在左膝内侧。将右手下伸，握住右足趾。用右手将右腿向一侧打开，躯干深深前倾，使背部与右腿呈对角线位置。将左臂横过腰部，放在髋关节皱褶的右前方。松开右手，用右手按住右腿，把右腿往侧面推。换边，重复该动作。

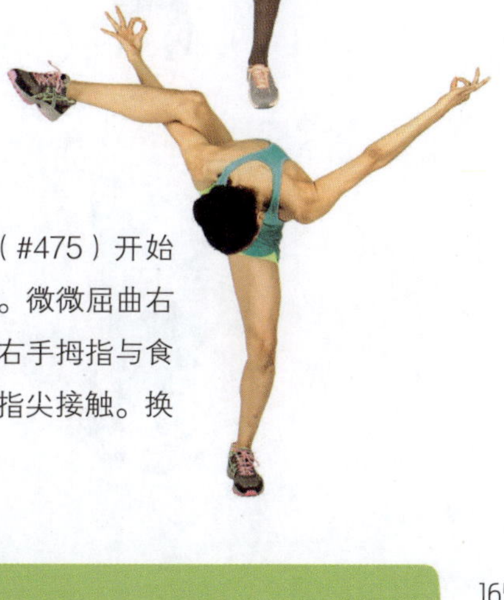

476 叩首礼拜式：天堂鸟

不论入门或者高阶练习者，都以叩首礼拜式（#475）开始该动作。把左手从右侧髋部皱褶放到左侧臀部。微微屈曲右腿，并把右臂放在右膝下面，伸直右臂，并让右手拇指与食指指尖接触。伸展左臂，并让左手拇指与食指指尖接触。换边，重复该动作。

477
束角式

束角式是常规瑜伽训练中一个平静的恢复性的体式。该体式为坐姿，可以保持双腿、双足和双臂对称，并保持后背和躯干伸展。如果想要在该体式中进行更多的伸展动作，请把双手放在大腿上，并向下按压。

正确姿势
保持身体两侧对称。膝部、双腿和双足都应与躯干齐平。

注意
如果身体紧绷，不要强行把腿压在地板上。此外，如果觉得舒服，可以在双足和臀部之间留出适当的空间。如果坐在地板上有困难，可以在臀部下面垫一个瑜伽垫或瑜伽砖。

注释
粗体字表示目标肌肉
黑体字表示其他工作肌肉
* 表示深层肌肉

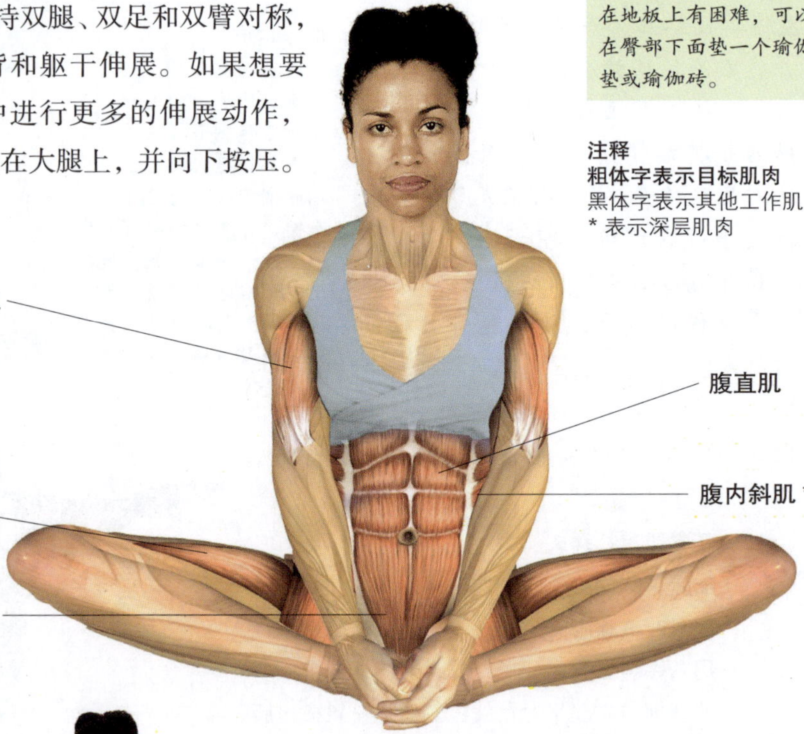

- 背部挺直，坐在地板上。
- 双足底并拢，放在距离臀部前方 30~60 cm 的位置。
- 双手抱住双足，用大腿内侧肌肉将双腿下压，使双腿向外侧伸展，并靠近地板。

478 束角式：双手祈祷

背部挺直，坐在地板上。双足足底并拢，放在距离臀部前方 30~60 cm 的位置。双手放在胸前，从头部开始将身体弯成一条曲线，然后保持该姿势。

479 束角式：前弯

背部挺直，坐在地板上。双足足底并拢，放在距离臀部前方 30~60 cm 的位置。双手抱住双足，双臂带动胸部向前靠近双足。

480 束角式：束手

本动作用于深层冥想。慢慢向前舒张心脏和胸部，让背部肌肉在脊柱上放松。当坐好并恢复身体姿势时，收紧核心肌群，以拉长前部身体。

- 背部挺直，坐在地板上。
- 双足足底并拢，放在距离臀部前方 30~60 cm 的位置。
- 将双臂放在背后，双肘屈曲，并用双手抱住对侧的肘部。

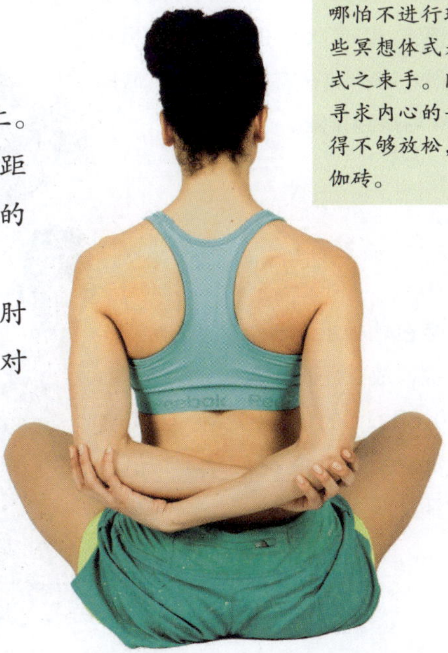

放松和恢复

有些瑜伽体式的目的只是放松。瑜伽涵盖了各种具有挑战性的姿势和动作，因此，为了平衡这些姿势和动作，衍生出了很多恢复性体式。哪怕不进行瑜伽训练，也可以用这些冥想体式来放松身心，例如束角式之束手。闭上眼睛，深呼吸，以寻求内心的平静。如果地板让你觉得不够放松，可以垫一个枕头或瑜伽砖。

481 反祈祷束角式：反祈祷

背部挺直，坐在地板上。双足足底并拢，放在距离臀部前方 30~60 cm 的位置。将双手放在臀部后面，双肘屈曲，双臂在背后呈反向祈祷的姿势。

482 束角式：牛面手式

背部挺直，坐在地板上。双足足底并拢，放在距离臀部前方 30~60 cm 的位置。将右臂举过头顶，左臂向下，屈曲双肘，让双手在背后接触。交换手的位置，然后重复。

483 侧倾束角式

背部挺直，坐在地板上。双足足底并拢，放在距离臀部前方 30~60 cm 的位置。左臂放在左臀部后面，右手放在右大腿上方，眼睛望向天空。然后换边重复。

484 平衡束角式

背部挺直，坐在地板上。双足足底并拢，放在距离臀部前方 30~60 cm 的位置。双手握住双足，将重心移至下背部，双足抬离地面。

485 前屈束角式

背部挺直，坐在地板上。双足足底并拢，放在距离臀部前方 30~60 cm 的位置。向前伸展双臂，伸展下背部，同时屈曲上脊柱。

486 颏至地板束角式

背部挺直，坐在地板上。双足足底并拢，放在距离臀部前方 30~60 cm 的位置。让腿稍稍交叉，将重心向前倾，双手放在地板上。下巴伸长，触及地板，双手放在胸前。

487 祈祷束角式

双腿呈坐姿，向前并正对腿部方向拉伸下背部。进入最后的祈祷状态之前，需将手臂伸到前面尽可能远的位置。在这个体式中深呼吸。

- 背部挺直，坐在地板上。
- 双足足底并拢，放在离臀部前方 30~60 cm 的位置。
- 向前伸出双臂，以祈祷的姿势将双臂聚拢，头低垂放在地板上。

488

四柱式

恰图兰卡是一个古老的梵文术语，也被称为四柱式或低位平板支撑。从本质上说，这是一个移动的平板支撑，类似于俯卧撑。一般来讲，瑜伽课上所做的每一个拜日式动作都会伴随着这个动作的重复，每堂课至少 20 次。做恰图兰卡会练出一双雕塑般的手臂和强壮的腹肌。

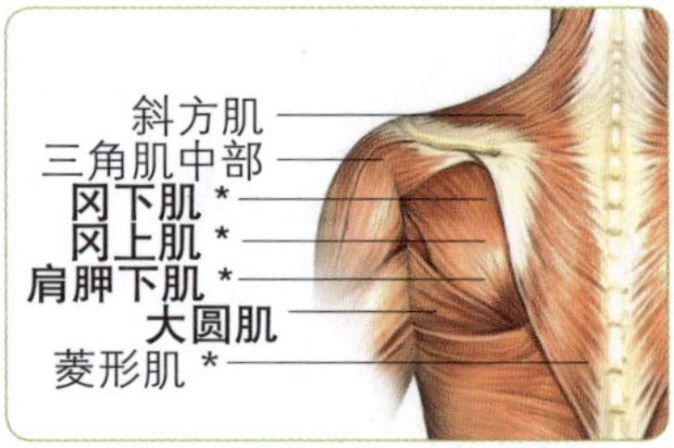

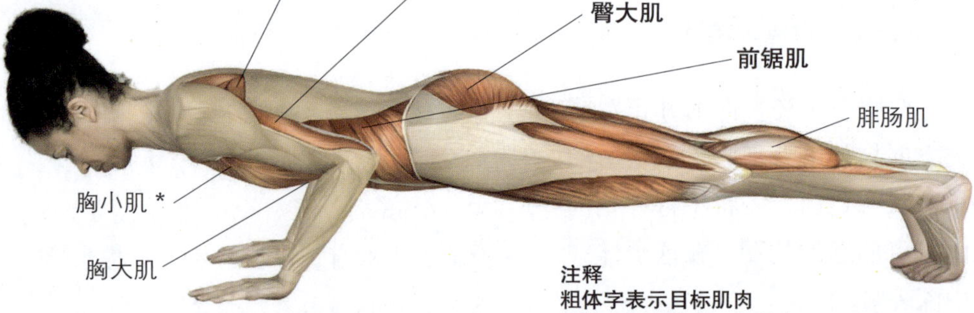

注释
粗体字表示目标肌肉
黑体字表示其他工作肌肉
* 表示深层肌肉

正确姿势
双腿紧紧并拢，拉伸腹肌。想象自己是一支从身后射出的箭。

注意
尽量不要因腹部下沉而弯曲背部，应拉伸核心肌群。

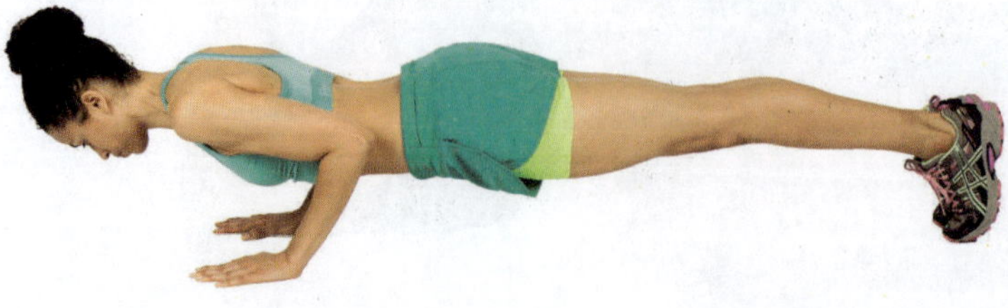

- 首先，保持直臂平板支撑姿势。
- 向腰部拉伸腹肌。
- 分别向躯干两侧深深屈曲双肘。
- 保持该姿势，如果感到疲劳，可降低胸部高度。

489 **单臂四柱式**

双手、双膝着地，双臂伸直。收紧腹肌，抬起左手，放在右臂内侧。让身体的重量向前移动到右手。然后换边，重复。

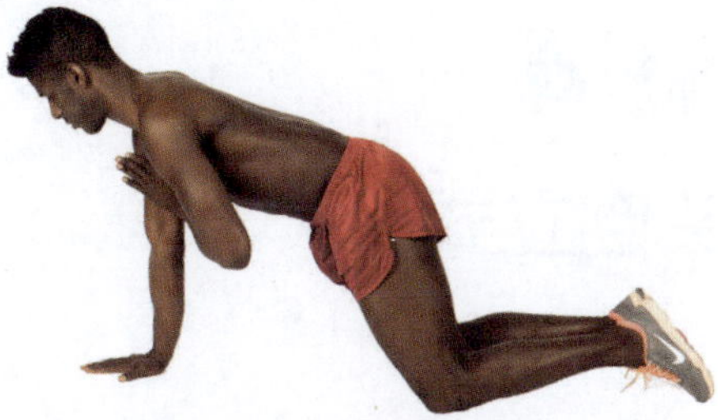

490 **旋体四柱式**

首先左侧卧于地板上，双足叠放在一起。将躯干转到地板上，保持臀部向前，双腿堆叠。将手掌放在肩部两侧的地板上，向左转头。然后换边，重复该动作。

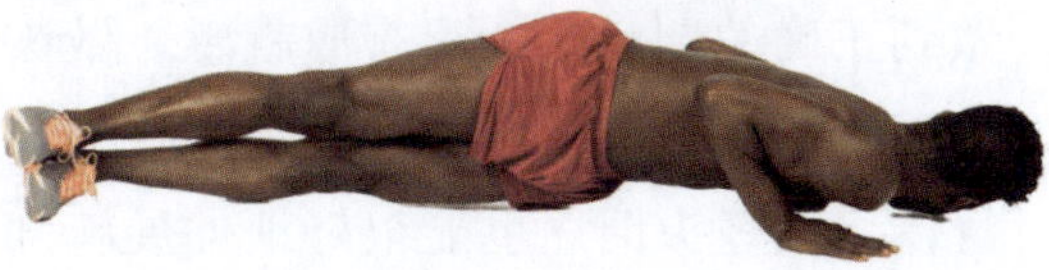

491 **单腿四柱式**

首先做直臂平板支撑。伸展双腿，将身体重量放在前足掌上。抬高右腿，同时腹肌用力并向前伸展脊柱。肘部屈曲，降低身体高度，直至双肘位于身体两侧。然后换边，重复该动作。

492 **单边抬腿手杖式**

首先做直臂平板支撑。伸展双腿，将身体重量放在前足掌上。肘部屈曲，降低身体高度，直到双肘位于躯干两侧。向前伸展脊柱，抬起右腿，向右侧打开。然后换边，重复该动作。

493 **单手四柱式**

伸展双腿，将身体重量放在双足的前足掌上。腹肌用力，向前伸展脊柱。举起右手，伸向左臂内侧。利用左臂和双足保持身体平衡。然后换边，重复该动作。

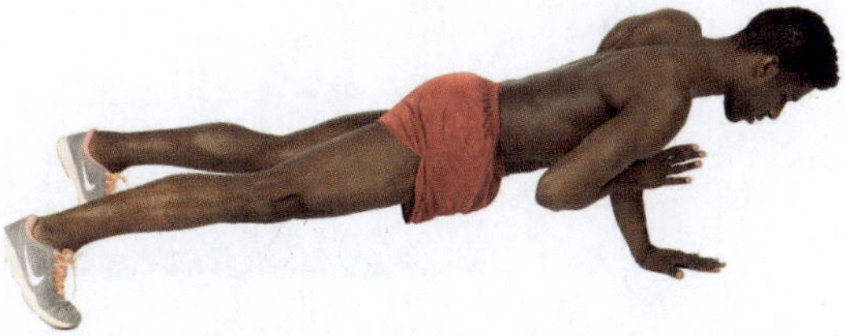

494

头倒立式

正确姿势
确保前臂和双手放在安全的位置，这是倒立的基础。

注意
如果是初学者，开始请不要尝试无墙支撑的倒立姿势。

头倒立式是瑜伽的高阶部分。一旦能够做到正确的倒立，会很有成就感。做该体式可以刺激并提供新鲜的血液经心脏进入整个身体。做好头倒立也能很好地伸展腿部，使其远离重力影响，并且可以释放肌肉中的毒素。

- 首先跪在地板上，保持小腿和地板贴合。
- 身体向前屈曲，将前臂放在离膝部前方大约 45 cm 的地板上。握紧双手，创造一个坚实的基础。
- 打开前臂，头部放在两臂之间。
- 将头顶靠在紧握的手掌上，然后将手推到头后。
- 伸直双腿，使头部以上的躯干笔直地立于两臂之间。
- 慢慢地屈曲右腿并且抬起，然后左腿也屈曲抬起。保持平衡，感觉准备好的时候，向上伸展双腿。

注释
粗体字表示目标肌肉
黑体字表示其他工作肌肉
* 表示深层肌肉

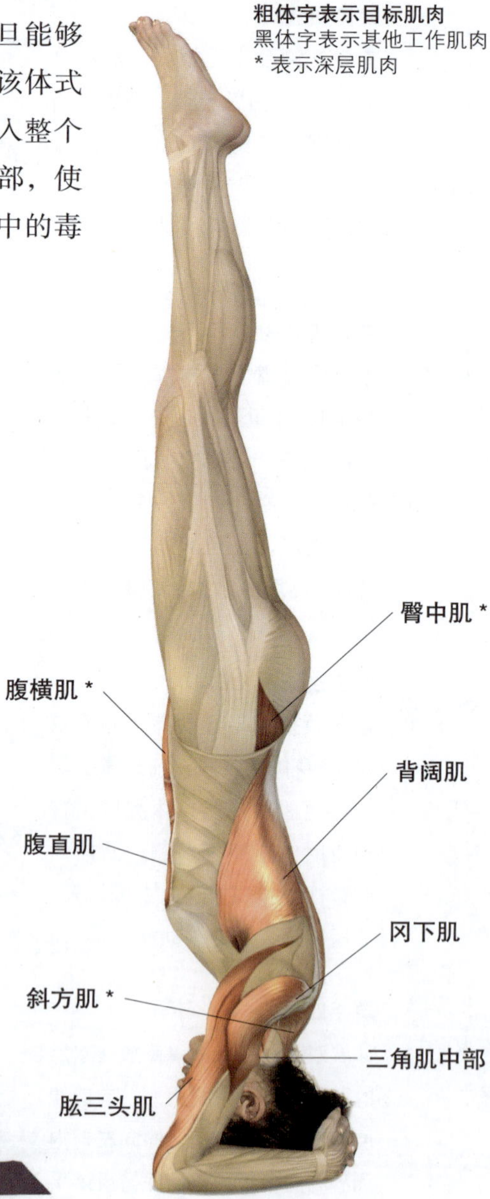

495 单腿头倒立一式

首先做 #494 讲解的倒立姿势，双腿伸展。在头顶位置保持身体的平衡。启动核心肌群，保持身体重量分布在头部和手肘。慢慢降低左腿高度，直到左足趾触及身体前面的地板，同时向上伸展右腿。然后换边，重复该动作。

496 头倒立缩腿屈膝体式

首先做 #494 讲解的倒立姿势，双腿伸展。在顶端保持身体的平衡。启动核心肌群，保持身体重量分布在头部和手肘。慢慢地向身体后面的方向降低右腿高度，同时屈曲左膝使左腿靠近胸部方向。然后换边，重复该动作。

497 吉祥腿式头倒立

首先做 #494 讲解的倒立姿势，双腿伸展。在顶端保持身体的平衡。启动核心肌群，保持身体重量分布在头部和手肘。双膝在空中慢慢屈曲，呈双鹿形状。然后换边，重复该动作。

498 坐角式头倒立一式

首先做 #494 讲解的倒立姿势，双腿伸展。在顶端保持身体的平衡。启动核心肌群，保持身体重量分布在头部和手肘。在可以保持身体稳定性的前提下，将双腿慢慢向两边分开，尝试劈叉姿势。

499 束足式头倒立一式

首先做#494讲解的倒立姿势，双腿伸展。在顶端保持身体的平衡。启动核心肌群，保持身体重量分布在头部和手肘。慢慢地，双膝向两侧屈曲，双足足底并拢。

500 半吉祥腿式头倒立

首先做#494讲解的倒立姿势，双腿伸展。在顶端保持身体的平衡。收紧核心肌群，保持身体重量分布在头部和手肘。慢慢地降低右腿的高度，并将它放在身体后面，左腿膝部向胸部方向屈曲。然后换边重复。

501 双足伸展头倒立式

双腿尽可能分开站立，手臂向两侧伸展，臀部向前屈曲呈一个平角的姿势。头部位于双腿中间的位置，头顶贴到地板上。双臂靠拢于面前，将两个前臂紧紧贴合，十指分开，用指尖支撑地板。把手臂放在一起，前臂紧紧地压在一起，张开手指，将双手放在面前的地板上。